U1009024

人体肌肉振动训练

王国凡　　程　桢◎著

安徽师范大学出版社
ANHUI NORMAL UNIVERSITY PRESS
·芜湖·

图书在版编目(CIP)数据

人体肌肉振动训练 / 王国凡,程桢著.—芜湖:安徽师范大学出版社,2021.5
ISBN 978-7-5676-5006-0

Ⅰ.①人… Ⅱ.①王… ②程… Ⅲ.①肌肉—运动训练 Ⅳ.①G808.1

中国版本图书馆CIP数据核字(2021)第020792号

人体肌肉振动训练　　　王国凡　程　桢◎著
RENTI JIROU ZHENDONG XUNLIAN

责任编辑:陈贻云　丁　翔　　　责任校对:祝凤霞
装帧设计:张　玲　　　责任印制:桑国磊
出版发行:安徽师范大学出版社
安徽省芜湖市北京东路1号安徽师范大学赭山校区
网　址:http://www.ahnupress.com/
发 行 部:0553-3883578　5910327　5910310(传真)
印　刷:江苏凤凰数码印务有限公司
版　次:2021年5月第1版
印　次:2021年5月第1次印刷
规　格:880 mm × 1230 mm　1/16
印　张:10.25
字　数:180千字
书　号:ISBN 978-7-5676-5006-0
定　价:36.80元

如发现印装质量问题,影响阅读,请与发行部联系调换。

前　言

振动训练产生于20世纪60年代，是一种较新的功能练习方法。近年来，振动训练在我国运动训练、家庭健身和运动康复等领域受到众多人士的青睐。

振动训练的优点在于可以用较小的负荷达到较大幅度增强骨骼肌力量、关节稳定性和身体平衡性等效果，另外，振动训练在运动康复与改善身体功能等方面也有独到的功效。已有大量振动训练实践证明：这种练习方法在一定程度上弥补了目前运用较多的传统力量训练方法的不足，能够帮助运动员在快速提高身体素质的同时避免可能产生的运动性损伤。正是由于振动训练在身体功能训练中的实效性与安全性，在当今中国健身器材市场上开始出现多种家庭版的振动训练器，民众通俗形象地称之为"抖抖机"或"甩脂机"——振动训练在减肥方面也同样安全有效。

传统振动训练方法主要是人站在振动训练器上进行下肢或全身的练习，很少涉及身体其他部位肌肉的专门训练。本书的撰写旨在进一步拓展振动训练方法，扩大振动训练适用范围，将其运用于人体全方位肌肉的功能练习，为国家倡导的"全民健身""健康中国"目标服务。

本书共七章，第一章阐述振动训练的基础理论，包括振动训练的起源、分类、作用机理、量与强度、对人体的益处与禁忌等，第二至第七章用图解与文字说明相结合的方式全面介绍和展示身体各部位肌肉振动训练的方法。

本书的主要特色在于：图文并茂地展示了全身各部位肌肉的振动训练方法；收集整理、归纳展示了以往研究者关于振动训练的有关作用机理、振动训练量与强度等参考指标，以及振动训练对人体诸多益处的相关资料等。本书可作为家庭健身人士肌肉振动训练的参考用书，也可作为运动员及其教练员肌肉振动训练的参考用书，还可作为体育专业师生、健身机构教练员与学员及振动训练研究者与爱好者的参考用书等。

本书图例示范者为本书第二作者程桢。参与本书校对的人员有体育学院研究生陈习明、阳岚、刘红红、郑岚岚等。安徽雷澄运动体能康复中心提供了拍照场地和相关器材，康复师胡安林和曹沙沙参与了本书的设计与修改。在此，对于参与者的认真工作、努力付出表示衷心的感谢！安徽师范大学体育学院高升副院长，科研秘书花家涛博士，安徽师范大学出版社郭行洲先生在本书的编写过程中给予了指导，在此表示衷心的感谢！

由于本书是一本通俗运动健身参考读物，在引用参考文献方面多有疏漏，敬请原文作者给予谅解！对书中所引用文献内容的原文作者表示衷心的感谢！

本书的出版得到了安徽师范大学体育学院领导的大力支持，以及安徽师范大学出版社的帮助，在此，一并表示衷心的感谢！

由于本书作者水平有限，加之时间仓促，错误之处在所难免，恳请大家批评指正！

王国凡

2020年12月18日

目 录

第一章　振动训练的基础理论

本章主要介绍振动训练的起源、分类、作用机理、量与强度以及对人体的益处与禁忌等。

一、振动训练的起源

振动训练是将机械振动刺激与常规力量练习相结合而进行的针对肌体力量、柔韧、平衡、协调等机能提高的一种练习方法。最初的振动训练出现在20世纪60年代，有学者使用一种小型圆桶状的振动器，放置于肌腹或肌腱上振动，以诱发身体的张力性振动反射，常用于医学瘫痪肢体的康复。1987年，有人将振动刺激结合重量训练动作对体操运动员进行力量训练，振动刺激正式成为人体力量训练的一种方法。振动训练由于其训练的独特性、高效性和安全性等特点，一经问世，便受到广大教练员、运动员与体育科研工作者的重视，在一些西方发达国家从竞技体育到康复医疗以及整形外科等领域已有较多运用。近年来，振动训练在我国也受到众多运动爱好者的青睐。目前已经开发面市的振动器，根据其振动方向可分为垂直、水平、绕中心轴转动和多方向立体振动的振动器四种。振动器种类不同，其性能也有差别，练习者应根据练习的目的来选择振动训练器。在进行振动训练时，每个人的具体情况可能有所不同，最好能在练习前请教相关运动训练专业人士。

本书介绍的振动训练器主要是围绕中心轴转动的倾斜振动器，其特点是以中心轴为对称点，两侧振动台面振动方向相反。该振动模式与人体运动的反对称性及常见运动的动作结构相似。

二、振动训练的分类

（一）根据振动刺激肌肉的方式分类

（1）直接刺激练习法。将振动器的振动刺激直接作用于局部需要练习的肌肉之上，可以激活肌肉的本体感受器，使不随意收缩的肌肉产生收缩，市面上很多消除疲劳的类似产品都是以此为原理的。

（2）间接刺激练习法。将振动器的振动刺激间接传递到欲练习的肌肉之上。例如，站在一个振动平台上做蹲姿的动作，那么对于股四头肌来说就是一种间接刺激。

（二）根据振动刺激的身体部位分类

（1）全身振动训练法。这是指双脚站在振动平台上，针对全身进行的振动训练。

（2）局部振动训练法。这是指主要针对肢体的某一部分进行的振动训练，如上肢、下肢、躯干或某块肌肉等。

三、振动训练的作用机理

（一）提高肌肉力量的作用机理

（1）振动刺激在提高主动肌激活程度的同时增加了较高阈值运动单位的活性，引起更多参与运动单位高频率放电，较大幅度地提高了神经肌肉系统的兴奋性。

（2）增强神经冲动的数量和同步性，改善主动肌的协调性和同步性。

（3）提高中枢神经系统之间的协调性发展，使屈伸肌的最大力量、爆发力、协调性、柔韧性、反应能力等得到同步协调发展；增强肌纤维的活性，改善肌肉的能量供应，使肌肉重建更为迅速，较好地避免了因屈一伸肌力量发展不均衡而造成的肌肉拉伤以及运动成绩停滞的平台现象，能使更多的快肌纤维被动员参加肌肉收缩，可以用相对较小的负荷量来动员更多的肌纤维参与工作。

（4）在肌肉主动收缩的前提下，振动刺激作为一种外源性刺激，能促使中枢神经系统发出调节性指令，使潜在的运动单位进一步被激活。这就使肌肉在实际的运动中能够募集到更多的运动单位，从而增大肌肉的收缩力量。

（5）振动刺激包含了弹性能的储存与释放以及伸张反射两者交互作用而产生的较大力量。

（6）对机体中深层次肌群可以产生由小到大的交变刺激效应，能够显著减少流体的内摩擦系数，增加其流动性。

（7）能显著改变腓肠肌的生物力学性能，促进肌肉中弹性成分工作能力的提高。

（8）单次的振动训练会降低运动单位被征召的频率阈值，同时会增加肌梭对自主性等长收缩时的反射敏感性，对随后运动表现的促进效果，不仅与神经肌肉有关，也与激素水平的变化有一定的关系。

（9）振动刺激需要与传统力量训练有机结合才能更好地发挥其应有的作用，有附加振动刺激的下肢肌肉力量训练主要是通过促进下肢肌肉中弹性成分的增强而获得肌肉力量的提高。例如，附加振动刺激的动态性负重蹲起练习方式，使踝关节跖屈和背屈肌群相对峰值力矩均有提高，其中跖屈肌群的提高效果更加显著，其数据提高幅度优于静态力量练习方式和无附加振动训练方式，对于一些不适合进行力量练习的人群（如老年人）的肌力与爆发力提高有帮助。

（二）提高身体平衡协调能力的作用机理

（1）振动产生的不平衡刺激，能够在空间和时间上将腱梭引起的反肌伸长反射和肌梭引起的牵张反射进行综合，使肌肉收缩以保持稳定合理的身体姿态，通过提高肌梭、肌腱的兴奋性，改善运动单位的协调性，从而实现对人体稳定性的有效调节。

(2)通过刺激肌肉肌梭内的本体感受器,使更多的运动单位激活并参与到运动之中,有效改善神经肌肉的协调性,提高运动的有序性,使运动更精确、更敏捷,从而减少能量的消耗。

(3)部分脑卒中后感觉障碍的患者,振动感觉输入刺激可提高其受损神经的兴奋性,促进神经再生,从而改善本体感觉。

(三)改善神经系统反应能力的作用机理

(1)振动刺激不仅在脊髓水平上而且在更高级的神经中枢上对神经肌肉系统产生调节作用,能够改善神经肌肉系统之间的协调性,帮助恢复本体感觉,进而促进神经肌肉再控制和运动功能的恢复。

(2)局部振动刺激会增加偏瘫侧浅深感觉的输入,而感觉输入对增强神经系统兴奋性及其功能恢复具有重要作用。振动刺激可以提高黑质致密区神经元的存活,同时使脑源性神经营养因子蛋白表达增加,表明振动训练可能通过促进脑源性神经营养因子合成而有效减缓多巴胺能神经元的退行性变化,从而发挥神经保护作用。

(四)恢复身体功能的作用机理

(1)振动训练导致跟腱的粘弹特性发生改变,进而使得跟腱在运动过程中的能量损耗减少,提高了能量利用率,有利于跟腱的自我保护,降低跟腱损伤的发生率。

(2)振动训练对于血液流动的外周总阻力有较大影响,如使毛细血管扩张、血管壁的切应力增长。

(3)振动训练可促进血管生成,能够形成叠加效应,可以有效地提高运动员的耐力。

(4)对中老年女性来说,全身振动训练比低强度的力量训练更能提高等长收缩和动力性肌肉力量,且能有效改善骨密度。

(5)早期振动训练结合运动能有效提高急性脑卒中偏瘫患者的上肢肌力,可以降低肌张力和疼痛,改善肢体运动功能。

（6）低氧刺激加长期高频振动训练可能会降低高龄老年人的动脉血管脆性，且男性的下降趋势大于女性。

（7）对绝经后妇女进行全身振动训练，不但可促进其等长与动态肌力，同时可增加其髋关节的骨密度。

四、振动训练的量与强度

不同量与强度的振动训练对人体的影响是不同的。

（1）适当的振动频率、振幅、振动持续时间是决定振动训练效果的关键环节。

（2）振动训练的强度取决于振动器的频率与振幅，其中频率是指振动器在单位时间内所振动的次数。频率为20～50 Hz，神经冲动发放频率加快，同步性增强，肌肉出现共振；能够激活肌梭从而发生强直振动反射时的低频率刺激是最理想的发展肌肉功能频率，对肌肉的功能练习效果较好。

（3）常见有效振动训练使用的振幅与频率等参考指标如下：振幅2～7.5 mm，频率30～50 Hz，每周3～5次，每次3～13组，组间休息约1 min，每次练习持续时间3～20 min。练习计划时间长度为12周以上。

（4）振动训练频率在100 Hz以内时，肌梭的初级感觉末梢（I*a*类纤维）能够按1∶1做出同步性反应，随着振动频率的增加，I*a*类纤维兴奋性也随之增加，传入冲动的数量和频率相应增加，运动神经元去极化增加，阈值更高的运动单位被募集，动员的运动单位增加，表面肌电信号增加。

（5）振动波方向与肌纤维纵轴之间趋向于垂直状态或形成较大角度时，振动波能够对肌肉产生较大的刺激；振动波方向与肌纤维的角度过小或成平行状态时，振动波对肌肉的刺激作用相对较小，水平方向和多维方向振动波的练习效果要优于垂直方向，近振动源的肌肉振动能够更有效地刺激肌肉。

（6）在一定范围内，随着振动运动的频率、振幅与额外负荷的逐渐增加，吸氧量也会相对明显上升。

(7)高频训练组在跳深的净冲量、反跳时间和反跳高度等方面明显优于低频训练组。

(8)高频训练组在负重蹲的最大力值、蹬伸时间、冲量的改变幅度方面要优于低频训练组;高频训练组在肌力数据的力矩峰值和最大功率的增大幅度上也明显高于低频训练组。

(9)振动频率的设置如果刚好与人体的固有频率耦合,即出现“共振频率”,此时人体该部位将会发生共振现象,感受到的振动就十分强烈。

(10)垂直于人体轴线的振动在4～8 Hz的频率上有一个共振峰值,称为“第一共振峰”,能与人体胸腔产生共振,对位于胸部的内脏有较大影响;频率为10～12 Hz的共振峰值称为“第二共振峰”,能与人体腹腔产生共振,对腹腔内脏有较大影响;频率为20～30 Hz的振动,可引起“头—颈—肩”系统的共振;频率为60～90 Hz的振动,可引起眼球的共振;频率为100～200 Hz的振动,可引起“下颚—头盖骨”的共振。长时间的共振对人的内脏、大脑、眼球等比较脆弱的部位危害较大,应尽量避免。

(11)单次振动运动的强度固定时,肌肉收缩的表现随着振动器刺激时间的增加而下降。

(12)初级练习者、身体功能较弱者和年龄较大的人振动训练的频率宜为2～8 Hz;身体素质较好者、长期锻炼的人以及运动员训练的振动频率宜为6～12 Hz。

(13)2个月的全身振动训练能够提高老年人的髋、膝、踝关节的屈伸肌群的峰值力矩和峰值功率。6个月练习后能够分辨的振动信号间的最小周期差为1 ms,能分辨的最高振动频率为250～322 Hz,分辨时所需的振动信号最短保持时间为0.2 s。

(14)振动训练采用水平或多维方向的振动波,且振动频率大于30 Hz时,能够起到较好的练习效果。常见的振动器振动幅度大多在1～10 mm范围内,3～5 mm属于小幅度的振动。

(15)将振动刺激位置放在肌腱上,30～50 Hz为有效激活肌肉振动的最佳频率。在膝关节肌群最大肌力练习中,35～45 Hz能够提高膝关节在离心和向心两种工作状态下的力矩峰值,有利于促进下肢肌群超等长运动能力的提高。

(16)健身运动的人进行10 min频率为26 Hz、振幅为4 mm的振动训练,能显著提高纵跳能力,增加睾酮和生长激素浓度,同时降低皮质醇的浓度。

(17)运动员一侧肌肉采用频率为26 Hz、振幅为10 mm的振动训练，能显著提高速度力量和功率速度能力，45 Hz的振动频率提高运动员核心部位屈伸肌群力量的效果优于30 Hz。

(18)振幅为4 mm的振动训练能急性增加膝关节力量和纵跳高度，而振幅为2 mm的振动训练未产生显著变化。

(19)频率为30 Hz与50 Hz的振动训练均可以明显提高皮肤血流量，振动训练的效果至少可以维持在9 min;50 Hz振动训练对血流量影响速度更快，恢复需要15 min，其血流量值始终高于基线，30 Hz振动训练的血流量值在恢复阶段很快就下降到了基线值以下。

(20)通常低频振动主要针对功能训练与健身，高频振动主要针对按摩、放松与身体恢复。

(21)康复性的振动训练多采用自身体重的等长练习，为增强体能而进行的振动训练多以轻负荷为主。

(22)4 mm振幅适用于健身或康复群体，7 mm振幅适用于功能训练群体。

(23)刺激肌肉最有效的频率在30～50 Hz范围内，26 Hz是全身振动训练最理想的频率。随机变化的多维振动刺激能产生更有效的训练效果。

(24)振动训练的效果与身体姿势和振动台的接触变化也有直接关系，例如，双脚与单脚、直立与半蹲、自身体重与附加负荷等。这将在本书后面的身体不同部位练习里详细介绍。

五、振动训练对人体的益处及其禁忌

(一)振动训练对人体的益处

(1)振动训练可提升肌肉动态收缩的运动表现。

(2)振动训练能够改善肌肉血供，使活动更容易。

(3)振动训练能改善肌肉紧张状态，迅速清除肌肉内堆积的疲劳物质，提高训练效果和运动成绩。

(4)振动训练能降低发生损伤的危险,提高大强度训练后的健康水平。

(5)振动训练可以使人体运动潜能得到较大水平的提高。

(6)与传统单一力量训练相比,振动训练能够显著提高骨骼肌的最大力量和快速力量。

(7)振动训练可以促进人体屈伸肌群的最大力量、快速力量、力量耐力、协调性和柔韧性等素质的协调发展,能够以相对较小的附加负荷有效地提高这些身体素质,还会对人体的骨骼密度及血液的激素水平等产生正面影响。

(8)全身振动训练可以有效地提高运动员的动态平衡能力以及核心区的稳定性。

(9)对某些不适合进行力量练习的人如老年人来说,振动训练是其肌力与瞬发力训练安全有效的替代性训练选择之一。

(10)在康复训练领域中,振动训练能够改善心血管指标和相应的血液动力学变化,单次振动训练之后,血液中的类固醇与生长激素浓度均明显增加,皮质类固醇的浓度降低。

(11)全身振动训练干预对提高老年人的姿势控制能力具有很好的效果,能够提高老年人的髋、膝、踝关节的屈伸肌群的峰值力矩和峰值功率,有效提高老年人静态平衡能力,有利于骨质疏松症的治疗和康复。其特点是在安全有效保存骨量、减少骨质丢失的同时,还能通过骨外效应,增加下肢肌肉力量,改善本体感觉和平衡功能,从而达到预防老年人跌倒、降低脆性骨折风险的效果。

(12)采用机械振动排痰配合呼吸训练可以有效促进肺部感染的老年人的痰液排出体外,解决老年病人因痰液积聚导致的呼吸道堵塞问题。

(13)早期振动训练结合运动能有效提高急性脑卒中偏瘫患者的上肢肌力,改善肢体运动功能,促进偏瘫患肢远端的静脉及淋巴回流;对上下肢痉挛肌肉的直接振动刺激有助于痉挛状态的缓解,通过痉挛的减少促使活动功能改善。

(14)全身振动疗法可降低脑卒中患者踝关节跖屈肌痉挛,改善步态,提高步行功能和日常生活活动能力。对功能性踝关节不稳定的康复也有积极的作用,能够提高步速和步幅,缩短双支撑相,有效增强踝关节总体姿势的控制能力。

(15)在人工全膝关节置换术(Total Knee Arthroplasty,简称TKA)后的早期康复中,振动训练配合持续被动运动(Continuous Passive Motion,简称CPM)机可有效增加膝关节活动度,促进膝关节功能恢复。

(16)持续、合理的振动训练能有效增加腰椎失稳椎间融合术后腰背肌强度,促进功能恢复,减少术后腰腿疼,能够保护无力肌肉免受损伤,有利于预防和矫正畸形痛,在脊柱损伤或截瘫治疗中能够促进恢复独自站立和行走的能力,改善心血管和前庭功能。

(17)振动训练在治疗帕金森症中能够使不自主的身体振颤、肌肉强直、运动徐缓、大小便失禁等现象得以改善,使步态及平衡能力逐步恢复正常。

(18)振动训练配合功能训练能明显降低痉挛型脑瘫患儿的双下肢肌张力,改善双下肢的关节活动度。

(19)振动训练能够有效改善患者肩关节半脱位的程度及恢复上肢功能。

(二)振动训练的禁忌

有下列任一情况的,不适合进行振动训练。

(1)有肺出血及咯血、胸腔积液、气胸及脊柱肿瘤者。

(2)肠梗阻、阑尾炎、消化系统活动性溃疡者。

(3)凝血机制异常者。

(4)急性心肌梗死、心内血栓、心房颤动者。

(5)骨折、手术或外科干预有新鲜伤口者。

(6)严重高血压、糖尿病、癫痫病患者。

(7)肿瘤特殊时期的患者。

(8)有精神心理疾病史,思维不清晰,不配合治疗者。

(9)关节脱臼、错位者。

(10)急性疝气者。

(11)戴有心脏起搏器者。

(12)怀孕中后期的女性。

(13)振动训练后不良反应较大者。

(14)遵照医嘱或康复师建议,不适合进行振动训练者。

第二章　胸部肌群

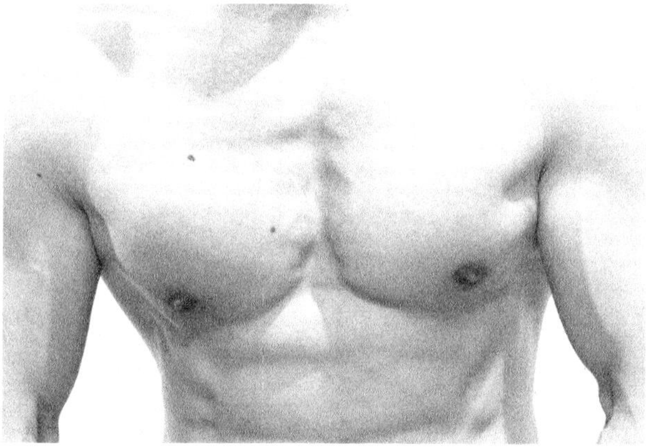

本章主要介绍胸大肌的解剖结构与功能以及振动训练的方法。

胸大肌是胸部最大的一块肌肉。锁骨、胸骨、胸骨下肋骨以及肱骨结节间沟是该肌肉附着点，胸大肌收缩能够使上臂向身体中间靠拢，也可以使身体向一侧上臂靠近。胸肌纤维缩短，当肌肉的一端被固定时另一端就会被拉向固定端。

动作1　俯卧撑

●动作方法

双手支撑于振动训练器平面上，指尖朝前，双手间距离与肩同宽或略大于肩（见图2-1-1和图2-1-2）。

图2-1-1

●技术要点

（1）伸肘时，从上臂到后背、颈椎都有振感，能够训练脊椎稳定性。

（2）屈肘，缓慢下降，使胸部尽量接触振动训练器平面，稍作停留，快速伸肘回到起始位。

（3）肘微屈时，主要训练肱三头肌和三角肌前束。

如手直接放在振动训练器平面上，手腕会有挤压感甚至疼痛感，这时可借用哑铃或俯卧撑练习支架，立腕支撑，不适会缓解或消失。此动作主要带动胸大肌、肱三头肌、三角肌前束、旋转肌群、斜方肌、前锯肌、腹肌以及其他周边肌肉运动。

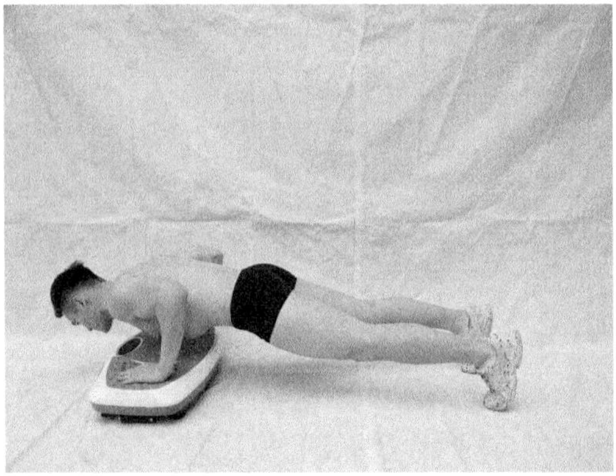

图2-1-2

动作2　上斜式俯卧撑

●动作方法

为降低难度，可将振动训练器置于箱子、台阶或椅子上。此动作方便初学者掌握（见图2-2-1和图2-2-2）。

●技术要点

双手撑于振动训练器平面上，指尖朝前，双手间距离与肩同宽或略大于肩。身体成一条直线，使全身处于紧绷状态，脚尖着地，屈肘。此动作主要训练肱三头肌、三角肌前束以及胸大肌下束。

图2-2-1

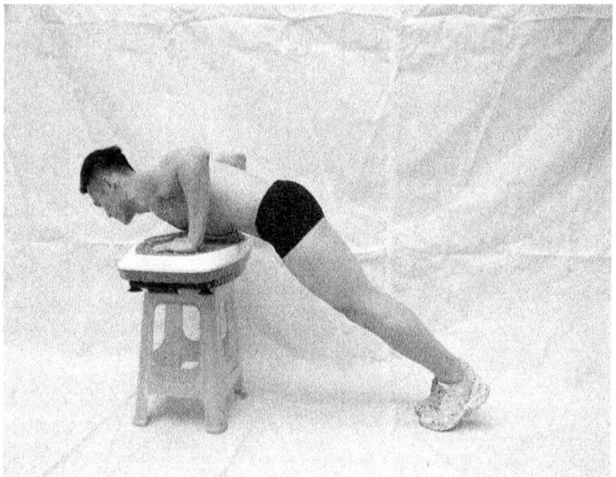

图2-2-2

动作3　下斜式俯卧撑

●动作方法

双脚撑于高处，进行俯卧撑训练（见图2-3-1和图2-3-2）。

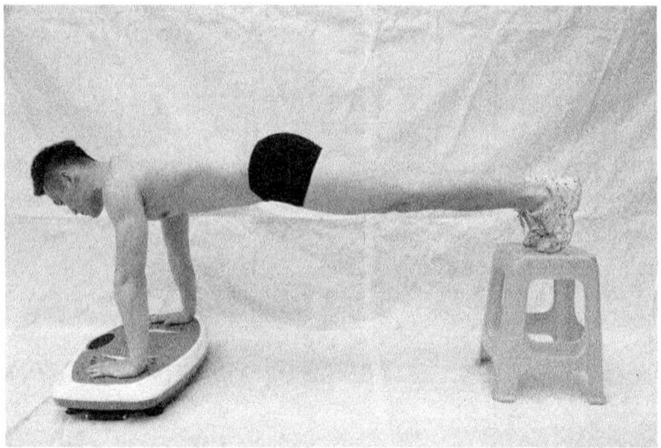

图2-3-1

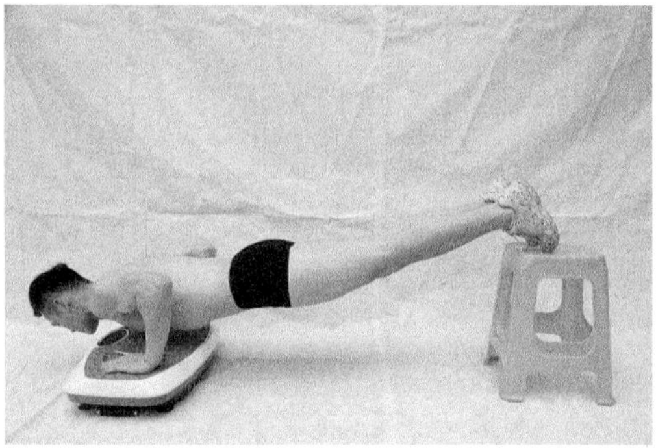

图2-3-2

●技术要点

(1)肘关节弯曲时，对手臂的刺激更大，需要调动更多的肩臂肌肉来维持平衡。

(2)肘关节伸直时，振动会通过手臂的传导加深对上背部肌肉和脊柱的胸椎段深层肌肉的刺激。

动作4　脚下斜式俯卧撑

●动作方法

一只脚支撑于高处，另一只脚伸直、悬空、抬高（见图2-4-1和图2-4-2）。

●技术要点

单脚悬空，难度增加，训练腘绳肌，腰、臀及腹部肌群。

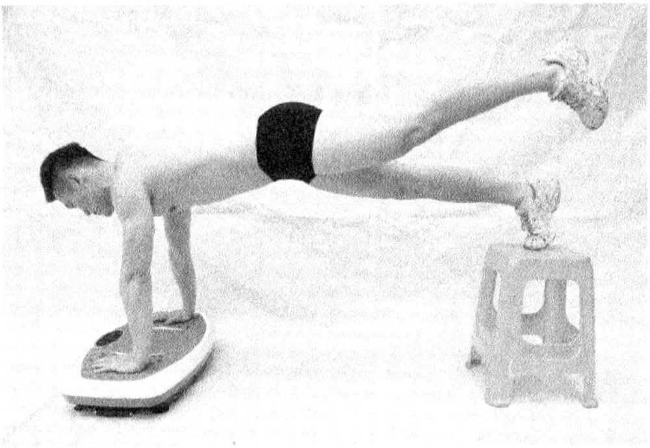

图2-4-1

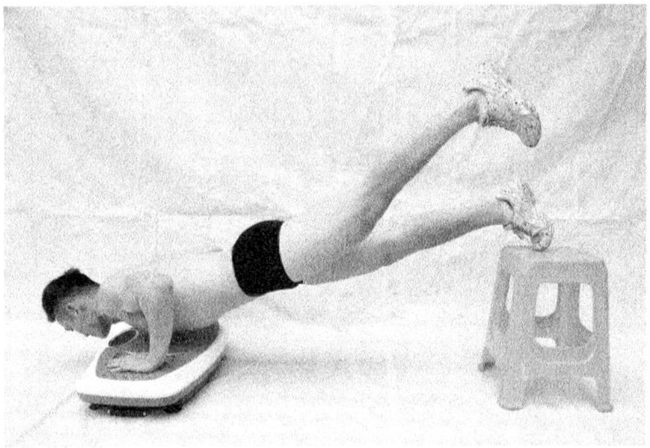

图2-4-2

动作5 瑞士球俯卧撑

●动作方法

双脚置于瑞士球上，腰腹部收紧，身体成一条直线。缓慢屈肘，使身体尽量接触振动训练器平面，快速伸肘至起始位(见图2-5-1和图2-5-2)。

●技术要点

因接触面不稳定，可以训练核心肌肉群的稳定性。此动作可以训练胸大肌、肱三头肌、腹直肌、竖脊肌和前锯肌。

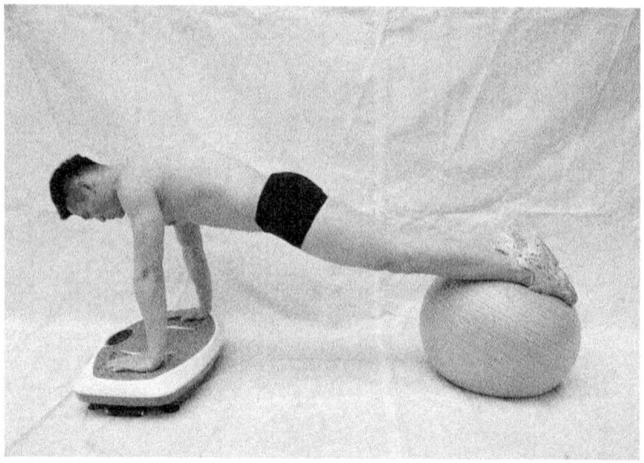

图2-5-1

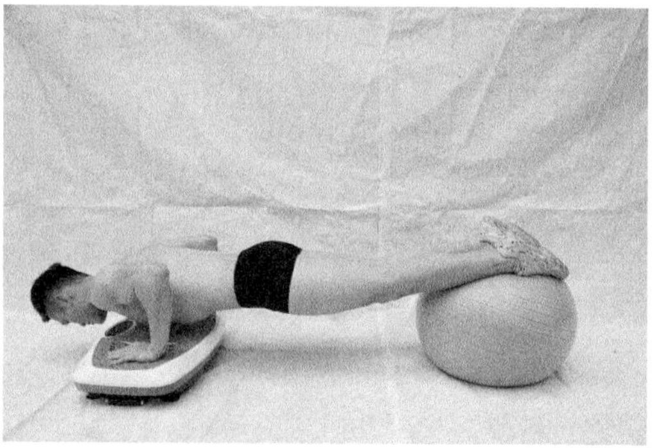

图2-5-2

动作6　双脚相叠俯卧撑

●动作方法

单脚支撑，双脚上下相叠（见图2-6-1和图2-6-2）。

●技术要点

身体成一条直线，屈肘，下背部及核心肌群用力感明显。此动作可以训练下背部及核心肌群。

图2-6-1

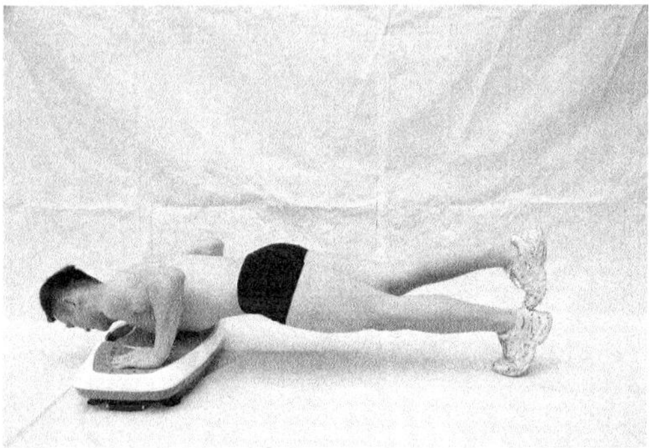

图2-6-2

动作7 负重俯卧撑

●动作方法

在上胸椎段放杠铃片，或穿重力马甲，由此来增加动作难度（见图2-7-1和图2-7-2）。

●技术要点

因重量增加，肱三头肌、胸大肌、三角肌前束、前锯肌以及手腕肌群的用力感都会增加。

图2-7-1

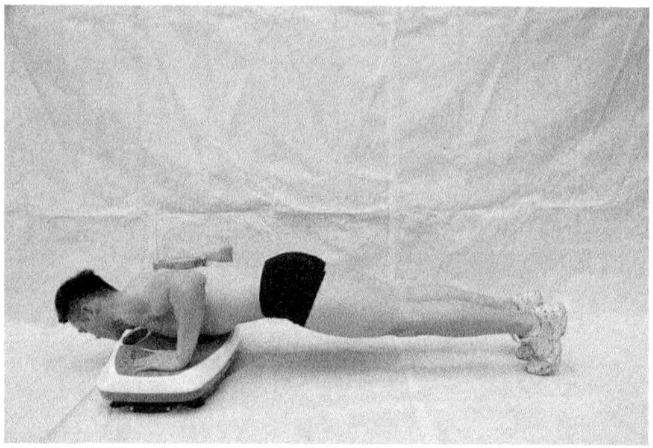

图2-7-2

动作8　停顿俯卧撑

●动作方法

屈肘，在手肘90°时停顿1～5 s，然后在最低位时停顿1～5 s，再回到90°时停顿1～5 s，最后回到起始位（见图2-8-1、图2-8-2和图2-8-3）。

●技术要点

停顿俯卧撑屈肘时间越长，对手臂肌肉群刺激越大，尤其是肱三头肌。动作过程中，不同位置肌肉感觉不同。此动作能加强上肢肌肉耐力。

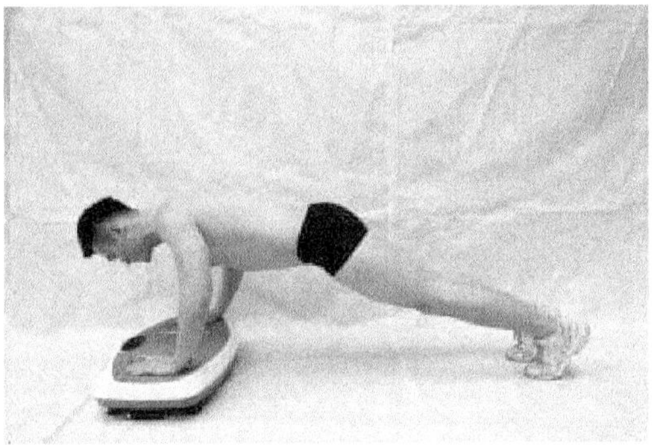

图2-8-1

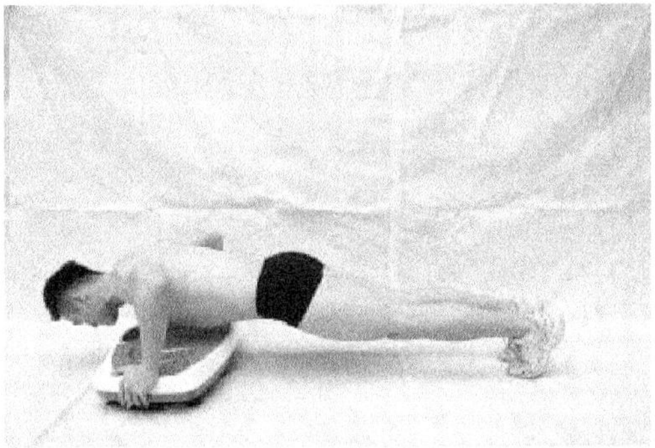

图2-8-2

图2-8-3

动作9 宽距俯卧撑

●动作方法

双手撑于振动训练器平面两端，增加双臂间距离，进行俯卧撑训练（见图2-9-1和图2-9-2）。

图2-9-1

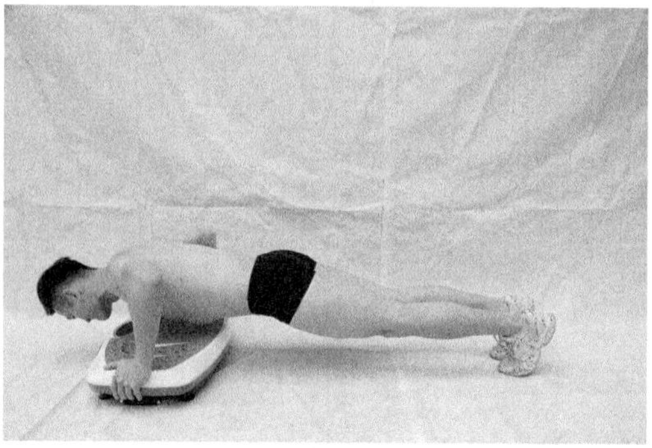

图2-9-2

●技术要点

屈肘时，由于双手间距离大，三角肌前束和胸大肌被拉长，压力和肌肉运动距离相应增加。此动作可训练肱三头肌、三角肌前束、胸大肌外侧缘、胸大肌和前锯肌。

动作10　窄距俯卧撑

●动作方法

双手间距离小于肩宽。肱三头肌的振感随着双手间距离的缩小而增强。此动作要求时刻处于夹胸状态，使胸大肌中束能够得到锻炼（见图2-10-1和图2-10-2）。

●技术要点

屈肘时，大臂应紧贴躯干两侧。此动作可训练肱三头肌内侧头和胸大肌中束。

图2-10-1

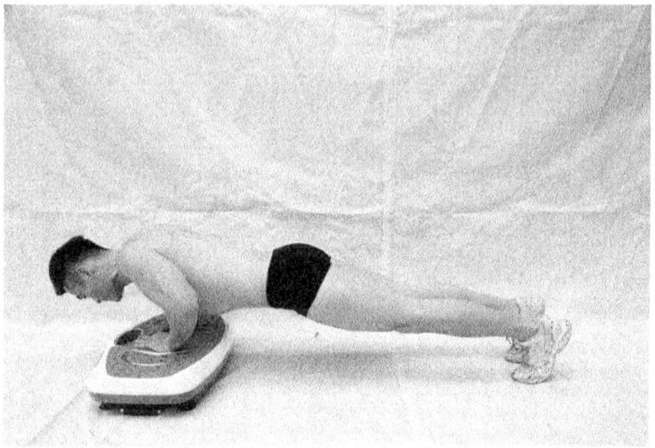

图2-10-2

动作11 前后偏手俯卧撑

●动作方法

将振动训练器置于地面，双手分别撑于振动训练器平面的左下角和右上角，成偏手俯卧撑姿势（见图2-11-1和图2-11-2）。

图2-11-1

图2-11-2

●技术要点

一组完成后，双手换位。偏手俯卧撑增加了动作难度，能加强核心肌和肩袖肌群训练。前侧手胸大肌发力感明显，后侧手三角肌前束和肱三头肌发力感明显。由于手的位置不同，能够较多地锻炼上背部的稳定性。

动作12　抬膝式俯卧撑

●动作方法

在标准俯卧撑姿势的基础上，一条腿外旋，外展，屈膝上提。撑起时，恢复至起始位。双腿交替进行(见图2-12-1和图2-12-2)。

●技术要点

屈肘提膝时，可以锻炼髋屈肌如髂腰肌和阔筋膜张肌，以及腹内斜肌和腹外斜肌等。

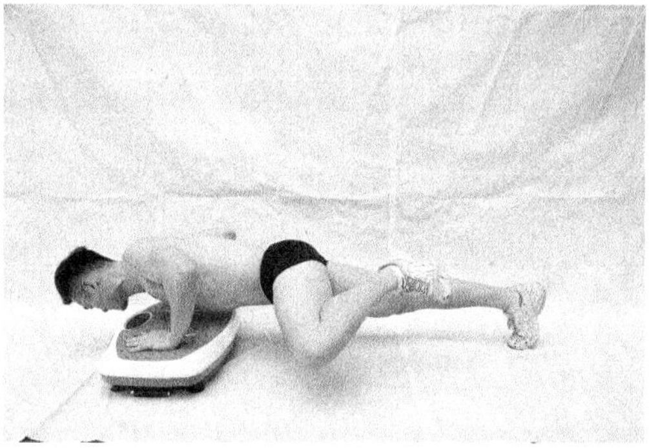

图2-12-1

图2-12-2

动作13 瑞士球俯卧撑

●动作方法

将瑞士球置于振动训练器平面上，双手撑于瑞士球上，手指抓住球，紧绷核心部位，屈肘使身体尽量碰到球面（见图2-13-1和图2-13-2）。

●技术要点

由于球面不稳定，除了训练胸大肌外，还需募集前臂、肩部以及腹部的肌肉来保持身体平衡。

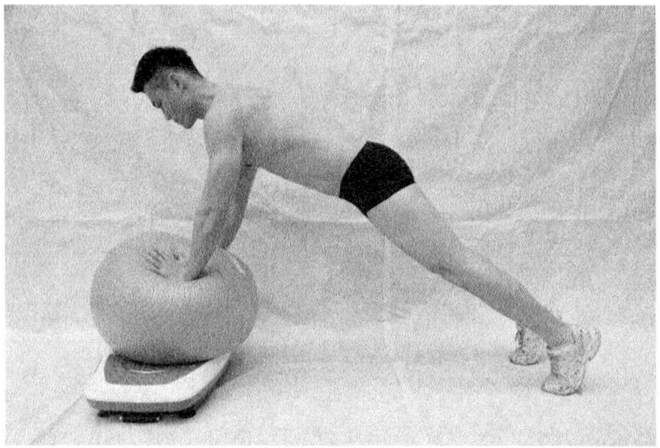

图2-13-1

图2-13-2

动作14 柔道俯卧撑

●动作方法

标准俯卧撑起始位，翘起臀部使身体呈倒V字形，下颌靠近振动训练器平面，再缓慢抬起上身，髋部尽量下降至地面，再回到起始位，重复训练（见图2-14-1、图2-14-2和图2-14-3）。

图2-14-2

●技术要点

该动作中有一个起伏动作，胸大肌上束最先发力，然后过渡到胸大肌下束，最后撑起身体。此动作还能够训练脊柱的活动度。

图2-14-3

图2-14-1

动作15 药球俯卧撑

●动作方法

将药球置于振动训练器平面上，双手支撑在药球上做俯卧撑（见图2-15-1和图2-15-2）。

●技术要点

药球与瑞士球相比，球面更小，双手间距离短，难度系数高，对肱三头肌的刺激强，同时核心肌群发力比标准俯卧撑多20%。

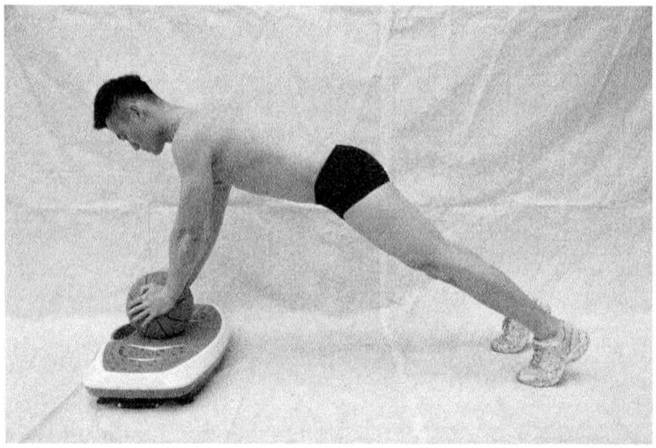

图2-15-1

图2-15-2

动作16　单手药球俯卧撑

●动作方法

一只手撑在药球上，另一只手撑在振动训练器平面上，进行俯卧撑训练。这样对一侧的训练集中度更高，有利于单侧肌肉训练，双手交替进行（见图2-16-1和图2-16-2）。

图2-16-1

●技术要点

此动作可有效解决两侧肌力不平衡问题。撑在球上的一侧下降时，胸大肌和三角肌前束被拉伸得更长，压力更大，运动距离更长。

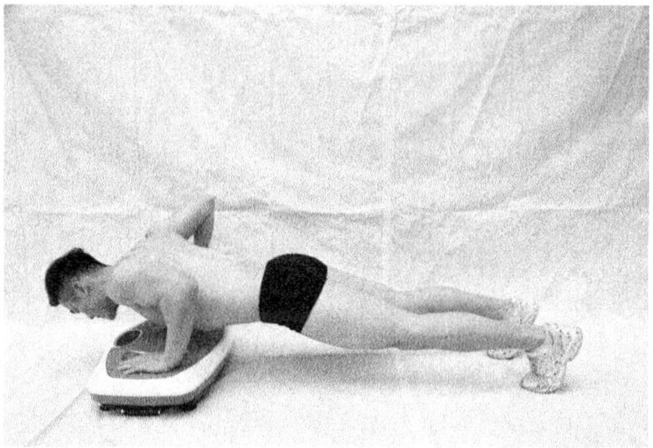

图2-16-2

动作17 双手药球俯卧撑

●动作方法

药球俯卧撑加强版，双手下方各放一个药球，提升了难度系数。手臂、肩部肌群和核心肌群需要不断地发力维持平衡(见图2-17-1和图2-17-2)。

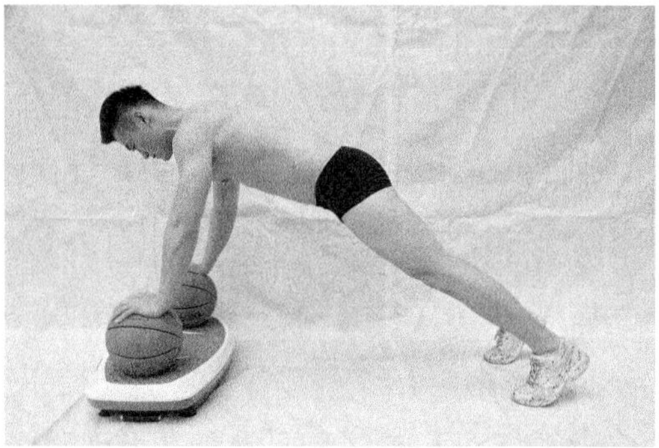

图2-17-1

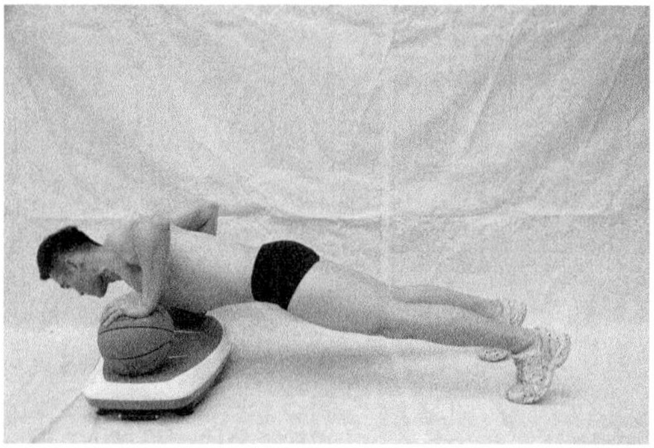

图2-17-2

●技术要点

屈肘时，胸部可下降得比标准俯卧撑更低，胸大肌外缘、三角肌前束都被拉长，相应的压力更大，难度更高。

动作18　T字形俯卧撑

●动作方法

将一对哑铃置于振动训练器平面上，哑铃间距离略宽于肩，双脚开立与肩同宽，双手握住哑铃呈预备姿势。屈肘时，身体尽量靠近振动训练器平面；直臂时，左手外展，躯干顺势旋转，使双臂成一条直线，稍作停顿，缓慢下降。双手交替进行（见图2-18-1、图2-18-2和图2-18-3）。

●技术要点

躯干旋转时，手臂与躯干呈T字形。单侧支撑时能够锻炼腕、肩、髋关节的稳定性。

图2-18-1

图2-18-2

图2-18-3

动作19 BOSU球俯卧撑

●动作方法

将BOSU球倒置于振动训练器平面上，双手撑于平面两端，保持身体绷紧，胸部缓慢贴近平面（见图2-19-1和图2-19-2）。

图2-19-1

图2-19-2

●技术要点

注意身体的平直，振动训练器平面和BOSU球面的双重不稳定性，加强了对肩关节、肘关节以及腕关节稳定性的训练。

动作20　俯卧撑划船

●动作方法

双手握哑铃撑于振动训练器平面上，屈肘使身体接近平面，稍作停顿，再缓慢回到起始位。然后右手屈肘提拉哑铃至体侧，做划船动作，缓慢放下哑铃。双手交替进行(见图2-20-1和图2-20-2)。

图2-20-1

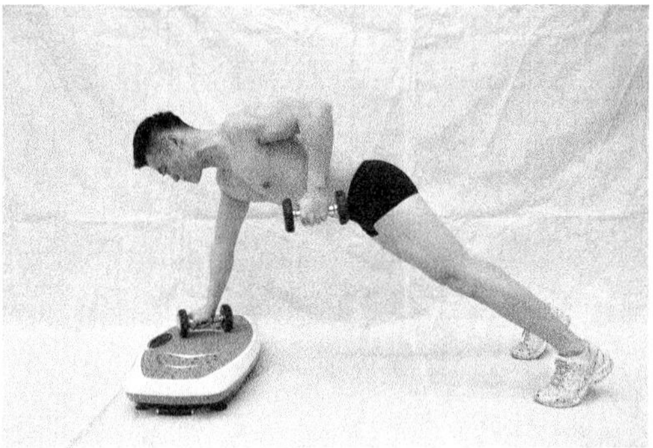

图2-20-2

●技术要点

胸背同时训练，双方互为拮抗肌。下沉时，胸大肌被拉伸，背部收缩；撑起时，胸大肌收缩，背部被拉伸。划船动作阶段为单独的背部收缩。

动作21 杠铃仰卧推举

●动作方法

(1)上背部躺在振动训练器平面上,双手握杠铃,间距略宽于肩,双脚着地,膝盖弯曲。

(2)屈肘,缓慢放下杠铃,直到大臂接触振动训练器平面。

(3)稍作停顿,伸肘至起始位(见图2-21-1和图2-21-2)。

图2-21-1

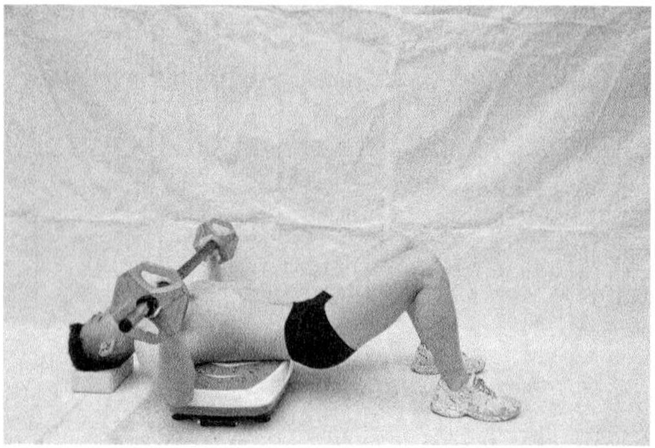

图2-21-2

●技术要点

上臂接触到振动训练器平面时,整个上背部、颈部以及双臂都有明显振动感。

动作22　哑铃仰卧推举

●动作方法

(1)上背部躺在振动训练器平面上,双手握哑铃,间距略宽于肩,双脚着地,膝盖弯曲。

(2)屈肘,缓慢放下哑铃,直到大臂接触振动训练器平面。

(3)稍作停顿,伸肘至起始位(见图2-22-1和图2-22-2)。

图2-22-1

●技术要点

此动作对肩关节的稳定性要求更高,推起时主要是胸大肌发力,肱三头肌辅助发力。

图2-22-2

动作23　瑞士球哑铃推举

●动作方法

(1)瑞士球置于振动训练器平面上，双脚着地，上背靠瑞士球，提臀，手握哑铃于前上方。

(2)直臂立腕，拳眼相对，缓慢屈肘，将哑铃放至体侧，稍作停顿，再伸肘至起始位(见图2-23-1和图2-23-2)。

图2-23-1

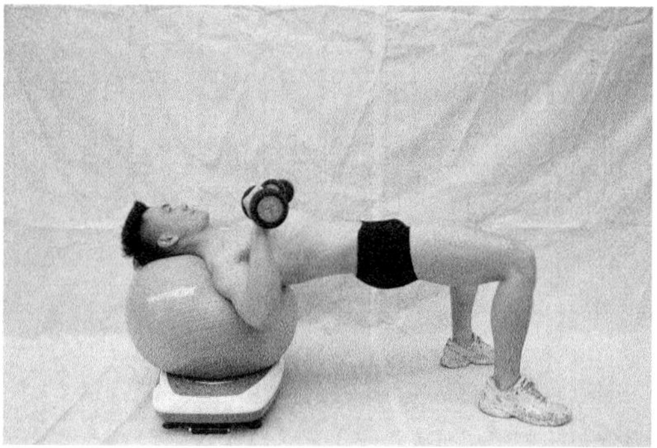

图2-23-2

●技术要点

躺在瑞士球上做推举，核心肌群用力比标准推举要多14%。球放在振动训练器平面上具有一定的缓振作用，但肢体接触球面越多，振感越明显。

动作24　瑞士球哑铃飞鸟

●动作方法

(1)瑞士球置于振动训练器平面上,双脚着地,上背靠瑞士球,提臀,手握哑铃于前上方。

(2)直臂立腕,掌心相对,肘关节角度保持不变,双臂外展至最大位,稍作停顿,再内收至起始位(见图2-24-1和图2-24-2)。

图2-24-1

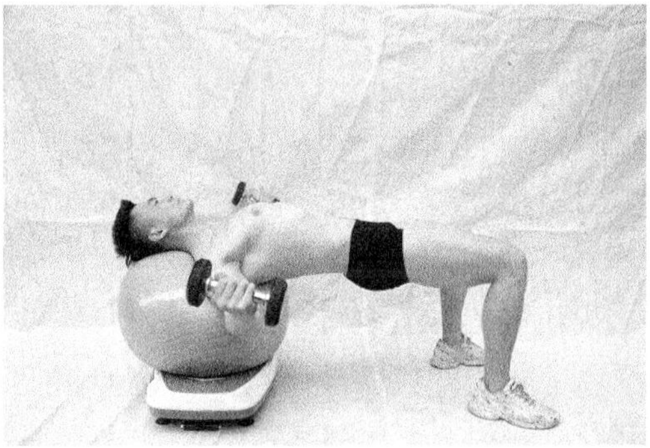
图2-24-2

●技术要点

哑铃飞鸟是胸大肌被拉伸到最大范围的动作之一。胸大肌的工作距离最长,三角肌前束的压力也比推举动作大。当大臂最大限度地接触到瑞士球时,整个上身振感明显,上背部肌肉、肩袖肌群以及腹部核心肌群都发力保持躯干的稳定。

动作25 交互瑞士球哑铃推举

●动作方法

（1）瑞士球置于振动训练器平面上，双脚着地，上背靠瑞士球，提臀，手握哑铃于前上方。

（2）直臂立腕，掌心相对，一手缓慢屈肘，将哑铃放至体侧，稍作停顿，再伸肘至起始位。双手交替进行（见图2-25-1和图2-25-2）。

图2-25-1

图2-25-2

●技术要点

屈肘侧的胸大肌有持续发力和拉伸感，而伸肘侧胸大肌向心收缩。在瑞士球与振动器双重不稳定的条件下，会募集更多的肌肉维持躯干平衡。

第三章　腿部肌群和臀部肌群

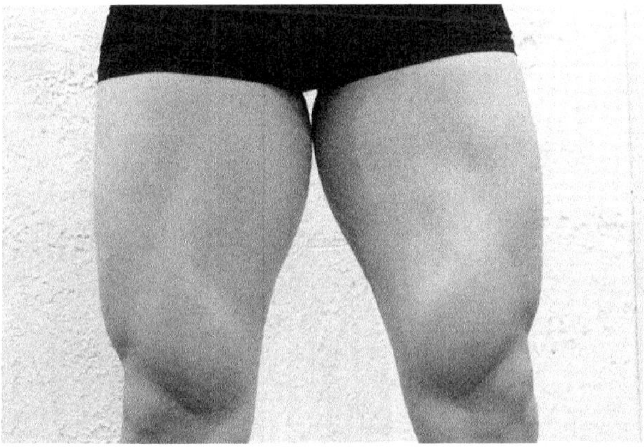

本章主要介绍腿部和臀部肌肉的解剖结构与功能以及振动训练的方法。

下肢的训练主要是大腿部、臀部以及小腿。虽然大部分腿部训练动作都能够练到这三个部位，但训练起来较为费力。

大腿部肌肉分为大腿前侧肌肉和后侧肌肉：前侧最主要是股四头肌，在膝盖处聚集到股四头肌腱，主要功能是伸膝，所以深蹲是锻炼股四头肌最佳的动作；后侧主要是股二头肌、半腱肌和半膜肌，主要功能是屈膝，锻炼股后肌群的黄金动作是直腿硬拉。

臀部肌肉以臀大肌、臀中肌以及臀小肌为主，主要功能是外旋以及外展髋关节。臀桥动作是最佳的臀部训练动作。

小腿肌群包括比目鱼肌和腓肠肌，主要功能是跖屈和背伸，最好的锻炼动作为提踵。

动作1　深　蹲

●动作方法

身体直立，双脚自然开立于振动训练器平面上，双臂前平举，与地面平行，屈膝，缓慢下蹲，直至大腿与地面平行，稍作停顿，再缓慢直立，回到起始位（见图3-1-1和图3-1-2）。

图 3-1-1

图 3-1-2

●技术要点

在整个过程中，躯干保持正直，手臂保持与肩同一高度，保持核心肌肉绷紧。深蹲锻炼的主要是股四头肌。在振动训练器平面上，髋关节周围的肌肉群也持续用力。屈膝幅度越大，臀肌被拉伸得越长，用力也就越明显。同时，此动作还会锻炼下背部与核心部肌肉。

动作2 抱头深蹲

●动作方法

双手抱于头后方，肘关节和肩部向两边延伸，打开胸廓，臀部向后，下背部保持正直，脊柱保持中立位。屈膝，缓慢下蹲，直至大腿与地面平行，稍作停顿，再缓慢直立，回到起始位（见图3-2-1和图3-2-2）。

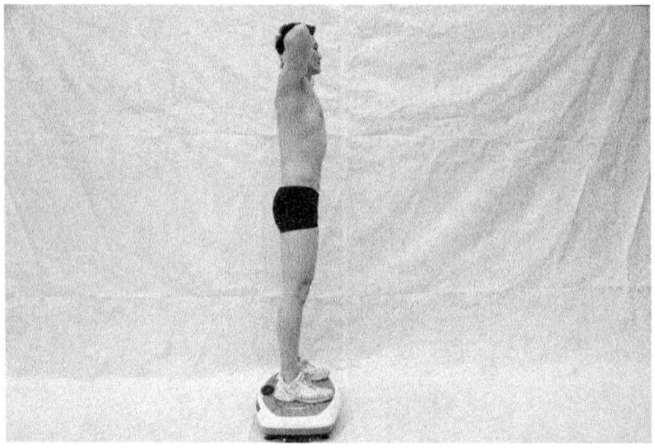

图 3-2-1

●技术要点

此动作在训练股四头肌与臀肌的同时，还能够检测上半身的稳定性与柔软度。

图 3-2-2

动作3　推膝深蹲

●动作方法

将双腿套入一条弹力带圈后，调整至膝盖。下蹲时，膝盖和脚尖的方向向外打开（见图3-3-1）。

图3-3-1

●技术要点

若在深蹲的过程中，膝盖发生不自觉的内旋，说明臀部肌肉无力，可利用弹力带进行抗阻训练，以激活肌肉。

动作4 靠墙深蹲

●动作方法

背靠墙，双脚跟离墙约60 cm，双手平举与肩同宽，缓慢屈膝，使大腿尽量与地面平行或更低，稍作停留，再缓慢回到起始位(见图3-4-1和图3-4-2)。

●技术要点

在深蹲的过程中，静力性停留能够训练肌肉耐力。在振动训练器平面上，股四头肌、臀大肌持续发力，维持髋、膝关节的稳定。蹲得越低，臀肌用力越大。

图3-4-1

图3-4-2

动作5　瑞士球靠墙深蹲

●动作方法

双腿自然开立于振动训练器平面上，将瑞士球置于背与墙之间，屈膝，缓慢下蹲，直至大腿与地面平行，稍作停留，再回到起始位。整个过程瑞士球不能滑落（见图3-5-1和图3-5-2）。

图3-5-1

图3-5-2

●技术要点

靠在瑞士球上的深蹲，类似史密斯架深蹲。身体基本上是随着瑞士球的滚动垂直下蹲，此动作对股四头肌的刺激要弱一些，同时不需要太多核心肌肉的参与，但是对臀肌刺激更大。

动作6　抱头深蹲跳跃

●动作方法

双脚站在振动训练器平面上，双手抱于头后，手肘向两边打开和身体在同一平面，膝盖下蹲并向上垂直跃起，落地时下蹲缓冲，顺势再次跳起（见图3-6-1和图3-6-2）。

图 3-6-1

图 3-6-2

●技术要点

爆发性的深蹲跳跃能够训练股四头肌、臀肌以及小腿肌群的爆发力，有利于刻画肌肉线条。由于在不稳定的振动训练器平面上进行，该动作能够锻炼髋、膝关节以及踝关节的稳定性。

动作7 手臂撑重深蹲

●动作方法

双手持杠铃片，屈肘于胸前，腰背部直立，缓慢下蹲的同时向前伸直手臂，与地面平行。蹲起时，在做肱二头肌弯举的同时保持身体的稳定(见图3-7-1和图3-7-2)。

图 3-7-1

图 3-7-2

●技术要点

下蹲过程中手臂伸直增加了力臂。训练时，能够训练核心肌、下背肌以及三角肌前束等，还能够提升躯干的稳定性。

动作8　高箱跳跃

●动作方法

将振动训练器置于跳箱上，双脚开立与肩同宽，屈膝，跳上振动训练器平面，保持身体稳定（见图3-8-1、图3-8-2和图3-8-3）。

●技术要点

纵跳训练能增加下肢与上肢的协调性。利用上肢的摆动协助下肢屈膝蹬地，有利于发展快肌纤维，还能加强踝、膝关节以及髋关节的稳定性。

图 3-8-1

图 3-8-2

图 3-8-3

动作9　深　跳

●动作方法

站在跳箱边缘，振动训练器摆在跳箱前方，踏出跳箱，双脚同时落在振动平训练器面上，屈膝后顺势向上纵跳（见图3-9-1、图3-9-2和图3-9-3）。

●技术要点

此动作是训练垂直弹跳力的有效动作之一。落在振动训练器平面上会比落在地面上动作难度更大，而且还能够锻炼下肢关节的稳定性和周围肌肉力量。

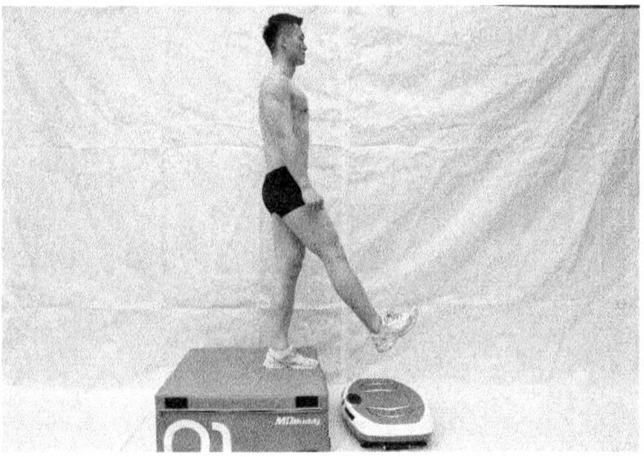

图3-9-1

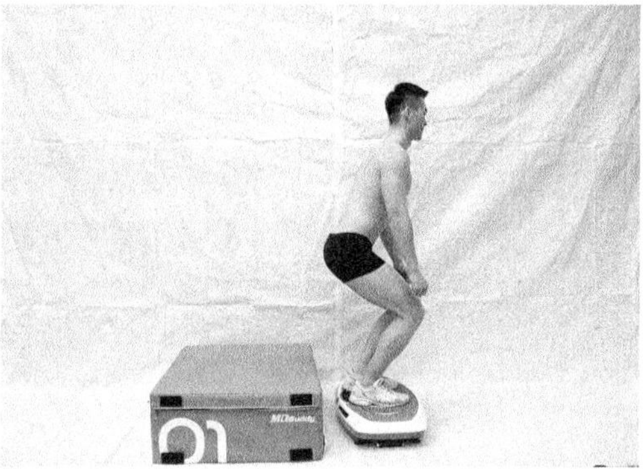

图3-9-2

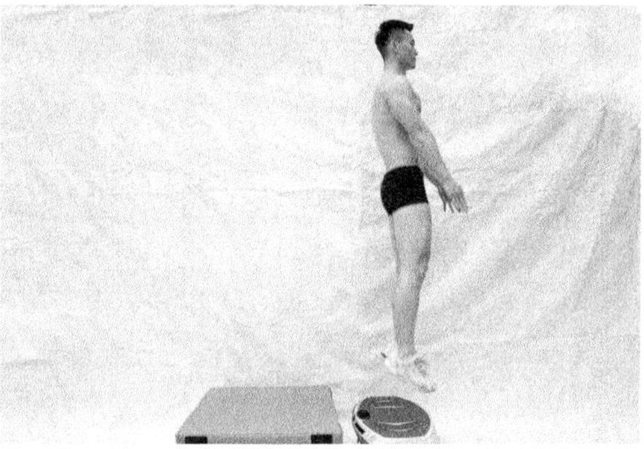

图3-9-3

动作10 单脚深蹲

●动作方法

(1)将振动训练器平面放在跳箱上,右脚立于振动训练器平面一侧,双臂伸直与地面平行,尽可能保持身体直立。

(2)重心置于右脚上,屈膝,缓慢下蹲直至左脚跟与地面接触,回到起始位。双脚交替完成(见图3-10-1和图3-10-2)。

图3-10-1

图3-10-2

●技术要点

此动作对股四头肌与臀肌的刺激比深蹲强,为保持躯干直立,下背部要持续发力。单脚站立于振动训练器平面上的振感更明显,同时加强了踝、膝关节以及髋关节的稳定性。

动作11 单脚蹲站

●动作方法

(1)双腿开立于振动训练器平面上,直臂前举与地面平行,左腿伸直抬高保持不动,腹部收紧。

(2)右腿下蹲至最低位,在最低位停顿2～5 s,再缓慢回到起始位,身体始终保持直立。双腿交替进行(见图3-11-1和图3-11-2)。

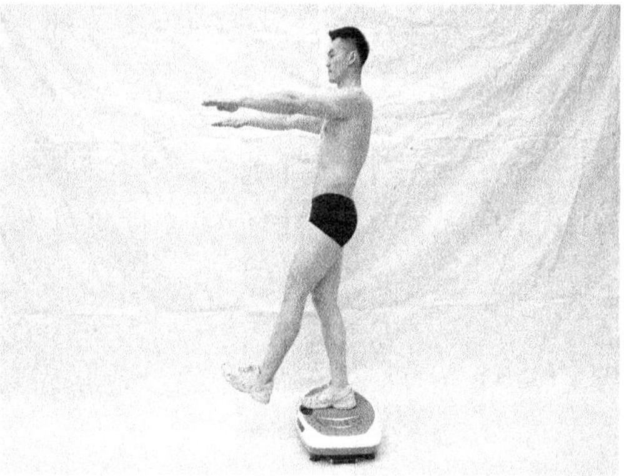

图3-11-1

图3-11-2

●技术要点

单脚站在振动训练器平面上下蹲,能够训练支撑腿的股四头肌、臀肌、腹肌及下背肌,同时能够锻炼下肢关节的稳定性。

动作12　杠铃深蹲

●动作方法

(1)双脚张开站在振动训练器平面上，肩扛杠铃，躯干保持正直，腹部收紧。

(2)身体下蹲，臀部下沉，膝盖弯曲时不可超过脚尖，大腿尽可能与地面平行或者更低，身体始终保持正直，停顿1～5 s后站起回到起始位(见图3-12-1和图3-12-2)。

图3-12-1

图3-12-2

●技术要点

杠铃深蹲是一种负重训练，比自重深蹲难度大，在身体下降到最低点时臀大肌被拉伸，发力明显，缓慢蹲起过程中从臀肌发力过渡到股四头肌，整个下背部时刻保持发力来维持躯干正直，同时腹部核心肌肉持续收紧。

动作13　开腿杠铃深蹲

●动作方法

（1）双手握住杠铃，置于肩上，双脚开立约为肩宽2倍，脚尖向外，下蹲时膝盖与脚尖方向一致。

（2）下蹲至大腿与地面平行，缓慢蹲起。整个过程膝盖不要内扣，身体不要晃动（见图3-13-1和图3-13-2）。

图3-13-1

图3-13-2

●技术要点

开腿杠铃深蹲将臀大肌拉伸更长。在最低位，能够刺激到髋内收肌群；蹲起最高位时，臀大肌收缩发力。

动作14 杠铃颈前深蹲

●动作方法

（1）握住杠铃，握距与肩同宽，将杠铃置于三角肌前束。

（2）下蹲至大腿与地面平行，稍作停顿，缓慢蹲起，回到起始位。整个过程肘关节尽量前伸，既能防止杠铃前滚，也能维持身体直立（见图3-14-1和图3-14-2）。

图3-14-1

图3-14-2

●技术要点

颈前深蹲在一定程度上增加了力臂，在深蹲过程中，要用下背部发力来维持身体直立，同时股四头肌振感也更明显。

动作15　交叉手臂颈前深蹲

●动作方法

(1)双手交叉前平举,将杠铃置于大臂上。

(2)深蹲时躯干保持直立,上肢不变(见图3-15-1和图3-15-2)。

●技术要点

双手交叉颈前深蹲,下蹲至最低位时,整个髋关节的振感非常明显,能够调动深层小肌肉群来维持身体稳定。此动作对股四头肌的刺激要大于颈后深蹲。另外,对三角肌也有一定的训练效果。

图3-15-1

图3-15-2

动作16 屈臂深蹲

●动作方法

(1)屈肘,将杠铃置于肘窝处,靠近胸口。

(2)下蹲时,保持躯干直立,膝关节不要超过脚尖,缓慢蹲起(见图3-16-1和图3-16-2)。

图3-16-1

图3-16-2

●锻炼目的

屈臂深蹲既能锻炼下肢肌群,也能锻炼肱二头肌和三角肌前束。

动作17 杠铃踮脚深蹲

●动作方法

双腿开立站于振动训练器平面上，踮脚，握住杠铃，置于肩上，完成深蹲动作（见图3-17-1和图3-17-2）。

●锻炼目的

踮脚深蹲能够锻炼小腿腓肠肌和比目鱼肌，还能提高踝关节的稳定性及四周肌力。

图3-17-1

图3-17-2

动作18 垫脚杠铃深蹲

●动作方法

(1)左、右各置1个杠铃片或者瑜伽砖于振动平面上,脚跟踩在杠铃片或者瑜伽砖上,握住杠铃,置于肩上。

(2)身体保持直立,屈膝下蹲,再缓慢蹲起至起始位(见图3-18-1和图3-18-2)。

图3-18-1

图3-18-2

●锻炼目的

垫脚深蹲能够训练股四头肌。足背屈功能不足者,此动作可以缓解正常深蹲时小腿胫骨前肌的压力。

动作19　杠铃坐姿深蹲

●动作方法

双手握住杠铃，置于身后，双脚后跟置于振动训练器平面上的杠铃片或者瑜伽砖上，缓慢下蹲，大腿尽量与地面平行（见图3-19-1和图3-19-2）。

●技术要点

坐姿深蹲的杠铃在身后，下蹲的幅度比较大，对臀肌的刺激更强烈，在整个过程中要注意身体重心不要后倾。

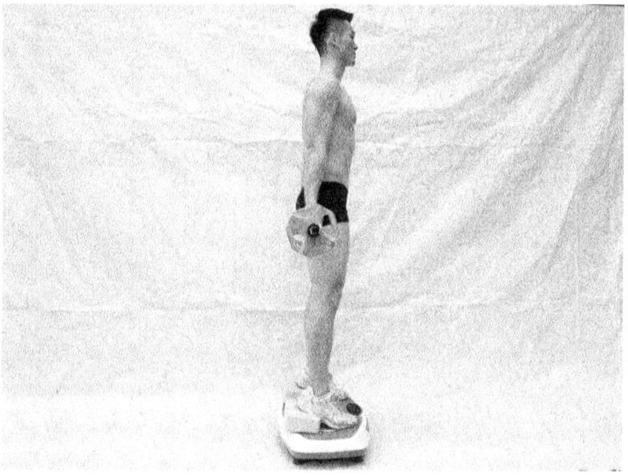

图3-19-1

图3-19-2

动作20 杠铃过头深蹲

●动作方法

（1）双脚开立于振动训练器平面上，抓举杠铃，双手握距略宽于肩。

（2）下蹲过程中，躯干保持直立，直臂上举，大腿与地面平行（见图3-20-1和图3-20-2）。

●技术要点

此动作蹲至最低位时难度最大，除了股四头肌和臂大肌发力之外，竖脊肌也发力保持躯干直立。保持直臂上举，能够锻炼肩关节的稳定性。

图 3-20-1

图 3-20-2

动作21　哑铃深蹲

●动作方法

（1）双脚自然开立于振动训练器平面上，双手握哑铃，掌心相对，自然下垂。

（2）躯干直立，收紧腹肌，尽量下蹲，蹲至最低位时，稍作停顿，再缓慢回到起始位。在整个过程中，躯干直立，目视前方（见图3-21-1和图3-21-2）。

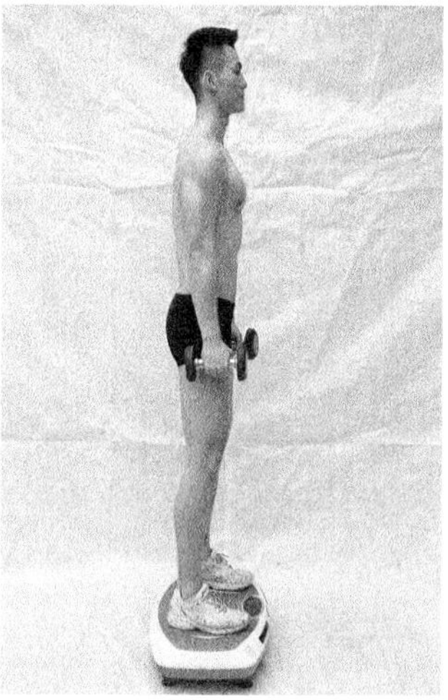

图3-21-1

图3-21-2

●技术要点

哑铃深蹲对于腰椎的压力要小于杠铃深蹲，负重量也小于杠铃深蹲。

动作22 高脚杯深蹲

●动作方法

双手托住哑铃一端置于胸前，缓慢下蹲，蹲至最低点，双手肘关节落至大腿内侧，上半身始终保持直立（见图3-22-1和图3-22-2）。

图3-22-1

●技术要点

高脚杯深蹲可以蹲得很低，将臀大肌尽可能拉长，蹲到最低点时，振动训练器平面对股四头肌和臀肌的刺激最大，缓慢起身时臀肌先发力，其次是股四头肌，最后是小腿肌群。

图3-22-2

动作23　张腿高脚杯深蹲

●动作方法

双手托住哑铃一端置于胸前，双腿尽量外旋站在振动训练器平面的两端，躯干直立，缓慢下蹲，稍作停顿，回到起始位（见图3-23-1和图3-23-2）。

●技术要点

张腿深蹲比正常深蹲更能锻炼臀肌。最低位时，大腿内收肌群有明显发力感，臀外展肌群发力保持髋关节的稳定；蹲起时，臀肌有很明显的收缩感。

图3-23-1

图3-23-2

动作24　哑铃前深蹲

●动作方法

屈臂握住哑铃，掌心相对，哑铃一端置于肩上，大臂前平举，躯干保持直立。下蹲时，肘关节不要下垂（见图3-24-1和图3-24-2）。

●技术要点

哑铃前深蹲为颈前深蹲的一种变化动作。下蹲时，因哑铃位于躯干前侧，所以为避免身体前倾，下背肌需发力来保持平衡。同时，哑铃始终置于肩上，对三角肌也有一定的锻炼效果。

图3-24-1

图3-24-2

动作25 哑铃跳跃深蹲

●动作方法

(1)握住哑铃,双臂自然下垂,掌心相对,屈膝下蹲,准备纵跳。

(2)尽量跳高,落地后,迅速调整好姿势,以便再次纵跳(见图3-25-1、图3-25-2和图3-25-3)。

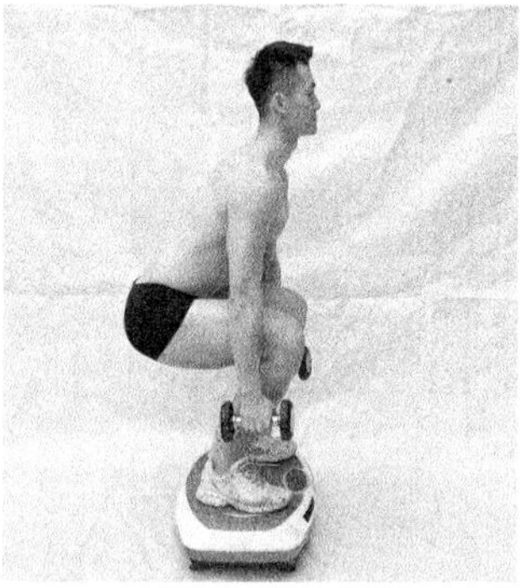

图3-25-2

●锻炼目的

跳跃深蹲能够训练股四头肌、臀肌以及小腿肌群。因振动训练器平面不稳,还能锻炼踝、膝关节和髋关节的稳定性。

图3-25-1

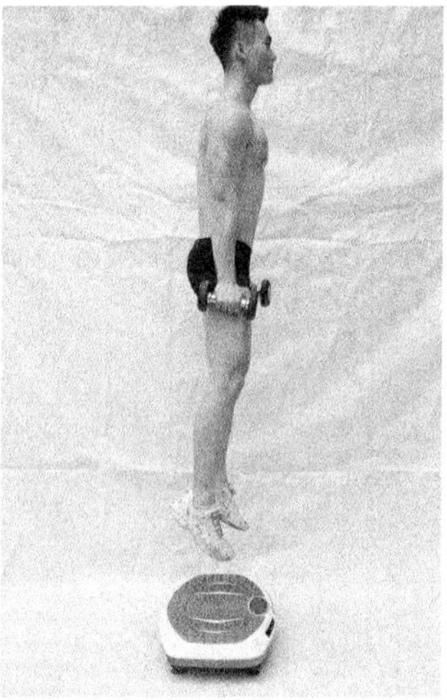

图3-25-3

动作26 哑铃过头深蹲

●动作方法

(1)手握哑铃,推举至肩上。

(2)下蹲至大腿与地面平行。上臂保持不动,核心肌肉收紧,躯干保持直立(见图3-26-1和图3-26-2)。

图3-26-1

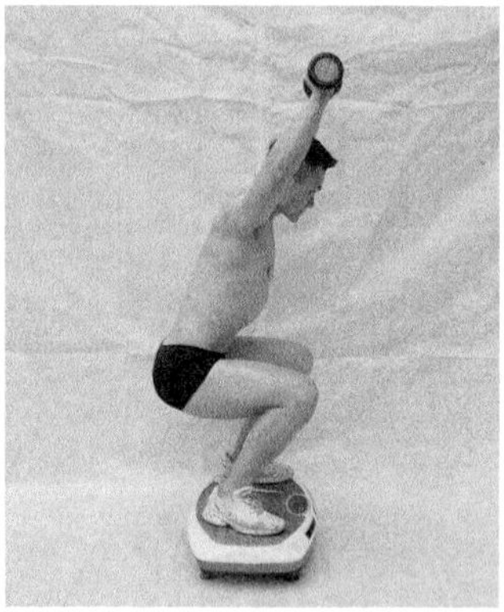
图3-26-2

●技术要点

哑铃过头深蹲不需要过度下蹲,至大腿与地面平行即可。此动作主要为股四头肌发力,因为要保持躯干直立,下背部会有明显发力感。

动作27　前脚杠铃箭步蹲

●动作方法

（1）杠铃置于肩上，双脚前后站立，前腿膝盖微曲，置于振动训练器平面上。

（2）躯干直立，缓慢下蹲，后腿膝盖几乎着地，稍作停顿，缓慢回到起始位（见图3-27-1和图3-27-2）。

图3-27-1

图3-27-2

●技术要点

前脚杠铃箭步蹲由于前脚置于振动训练器平面上，下蹲时踝关节周围肌肉需要持续发力保持稳定，站起时主要是前腿的股四头肌和臀肌发力。

动作28 后脚杠铃箭步蹲

●动作方法

杠铃置于颈后，双脚前后站立，后脚支撑在振动训练器平面上，做箭步蹲动作。左右腿前后交替（见图3-28-1和图3-28-2）。

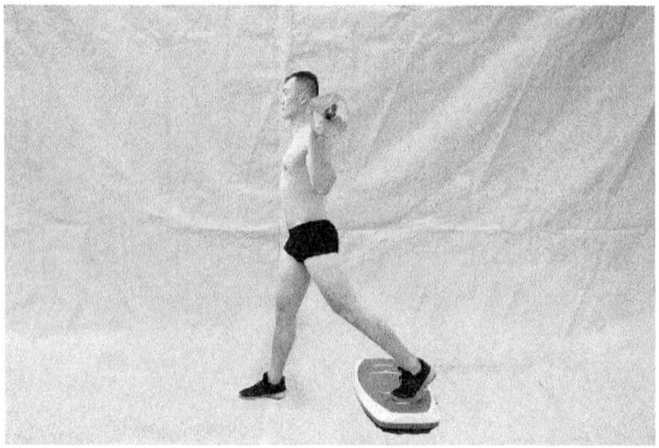

图3-28-1

图3-28-2

●技术要点

此动作与前脚杠铃箭步蹲的区别在于，后腿的膝关节更容易伸直。因为后脚支撑在振动训练器平面上，所以能够训练后腿踝关节稳定性和股四头肌力量。

动作29　颈前杠铃箭步蹲

●动作方法

杠铃置于颈前，双腿前后开立，前脚支撑在振动训练器平面上，整个动作需要避免身体前倾（见图3-29-1和图3-29-2）。

●技术要点

此动作主要是前腿的股四头肌和臀肌发力。颈前杠铃箭步蹲动作需要下背肌发力维持躯干直立。

图3-29-1

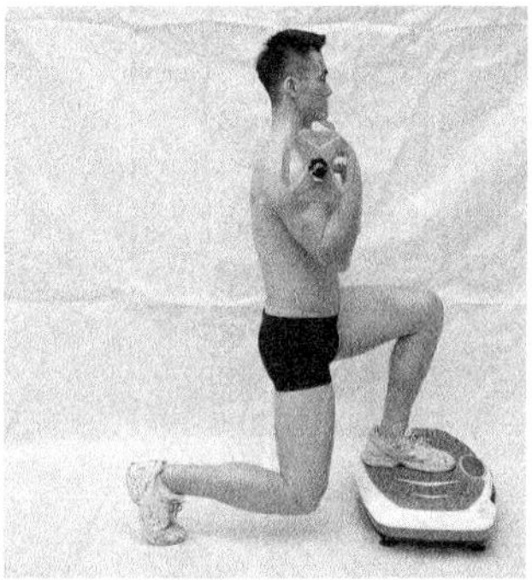

图3-29-2

动作30 保加利亚杠铃箭步蹲

●动作方法

杠铃置于肩上，双腿前后站立，后脚放在高处，前脚支撑在振动训练器平面上，缓慢下蹲，后膝至几乎着地，再缓慢回到起始位。左右腿前后交替（见图3-30-1和图3-30-2）。

图 3-30-1

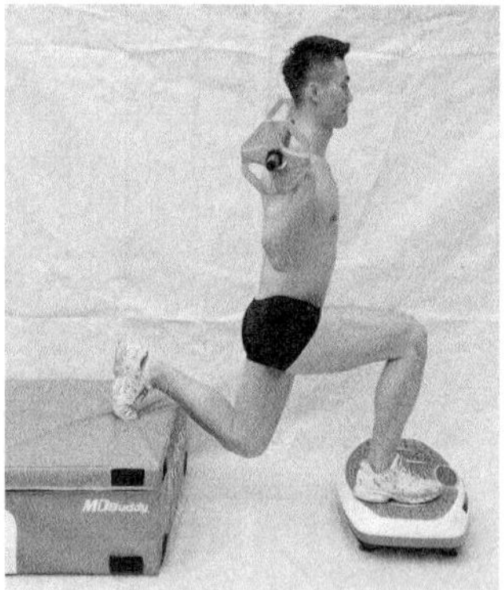

图 3-30-2

●技术要点

保加利亚箭步蹲的难度很高，全身的重量几乎在前腿上。因为下蹲得很低，所以臀肌的拉伸感与发力感很强，并且前腿支撑在振动训练器平面上，能够锻炼踝关节、膝关节以及髋关节的稳定性。

动作31 哑铃前脚箭步蹲

●动作方法

双手持哑铃放于体侧，双腿分开，一前一后，前脚放在振动训练器平面上，腰背挺直，慢慢下蹲，后腿膝盖至几乎着地，停顿一下再缓慢站起。左右腿前后交替（见图3-31-1和图3-31-2）。

●技术要点

相对于双脚均在地面上，此动作前腿膝盖的弯曲度更大，身体越往下蹲，臀肌和股四头肌拉伸得越长，运动轨迹也更长，再加上振动刺激，能够训练踝、膝、髋关节的稳定性。

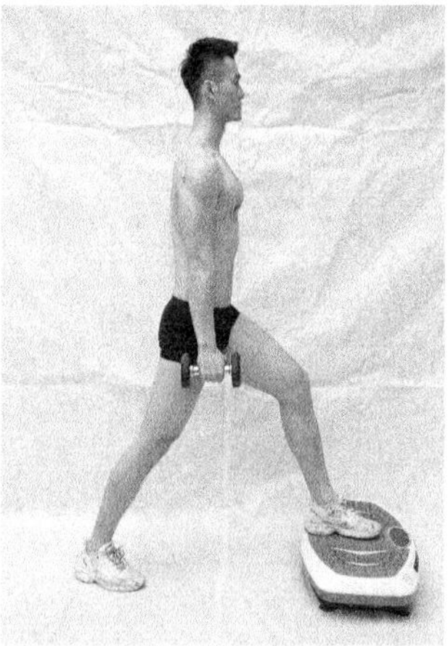

图3-31-1

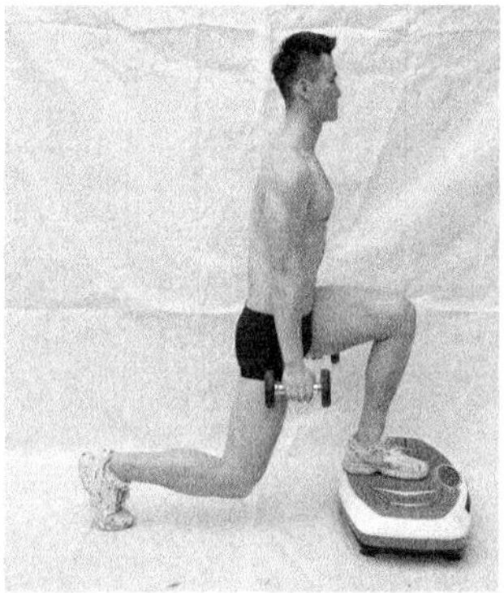

图3-31-2

动作32 哑铃后脚箭步蹲

●动作方法

双手持哑铃放于体侧，双脚前后站立，后脚脚尖放在振动训练器平面上，腰背挺直，慢慢下蹲，后腿膝盖至几乎着地，再缓慢站起，后腿膝盖可以蹬直。左右腿前后交替（见图3-32-1和图3-32-2）。

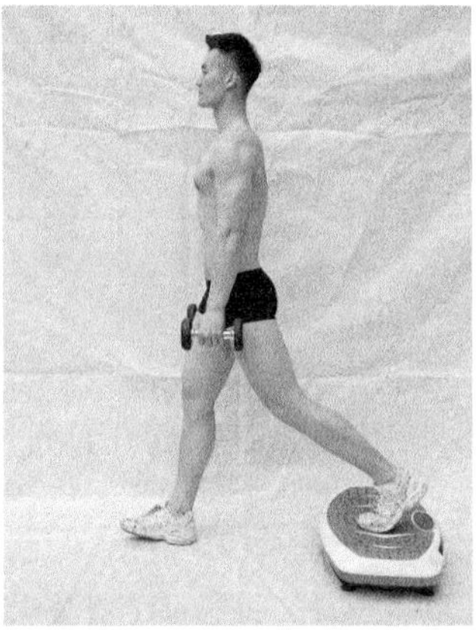

图 3-32-1

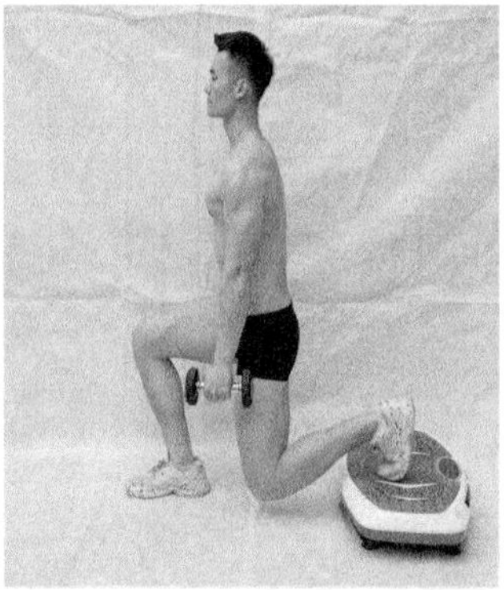

图 3-32-2

●技术要点

哑铃后脚箭步蹲能够训练双腿的股四头肌，同时后脚放在振动训练器平面上，振动感从脚趾传递到髋部，能够训练后腿踝、膝、髋关节的稳定性。

动作33　哑铃过头箭步蹲

●动作方法

双手握住哑铃，高举至肩部正上方，手臂完全伸直。双脚前后站立，前脚放在振动训练器平面上，缓慢下蹲，整个过程下背部自然收紧，保持核心肌肉用力，再缓慢站起。双腿交替练习（见图3-33-1和图3-33-2）。

图3-33-1

图3-33-2

●锻炼目的

哑铃过头箭步蹲除了能够训练下肢肌力，还能锻炼下背部肌群和三角肌。

动作34　哑铃保加利亚箭步蹲

●动作方法

双手各持一个哑铃放在体侧，后脚脚尖放在高处，前脚放在振动训练器平面上，保持躯干正直，下蹲时膝盖至几乎着地，再缓慢站起，保持身体平衡，不要晃动。双腿交替练习（见图3-34-1和图3-34-2）。

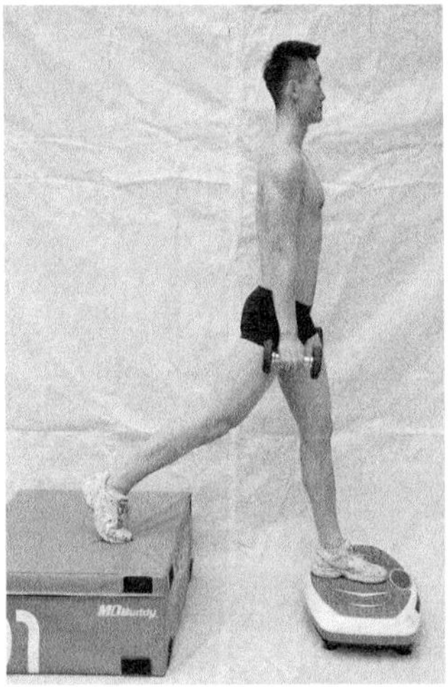

图3-34-1

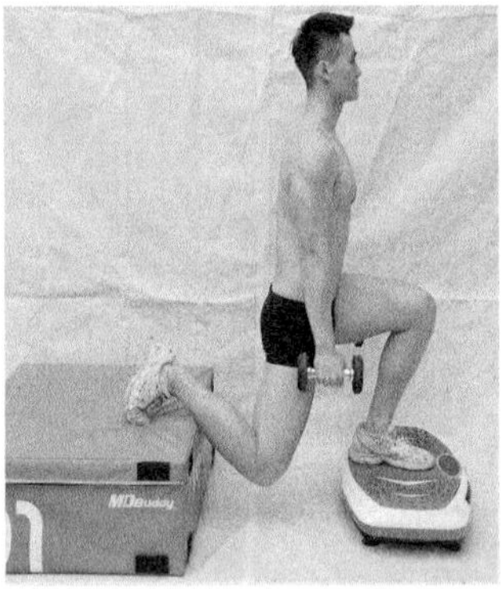

图3-34-2

●技术要点

哑铃保加利亚箭步蹲能够下蹲得很低，对于臀大肌刺激比较大，其次是大腿股四头肌，注意起身时膝盖和踝部不能左右晃动。

动作35 哑铃交互箭步蹲跳

●动作方法

（1）双手各持一个哑铃自然垂于体侧，双脚前后站立，前脚放在振动训练器平面上，后脚放在地面上，脚尖点地，身体下蹲预备起跳。

（2）迅速向上跳起，在空中双脚如剪刀交错，前后调换。

（3）落地缓冲控制脚踝和膝盖稳定，换脚后落在振动训练器平面上。双腿交替练习（见图3-35-1、图3-35-2和图3-35-3）。

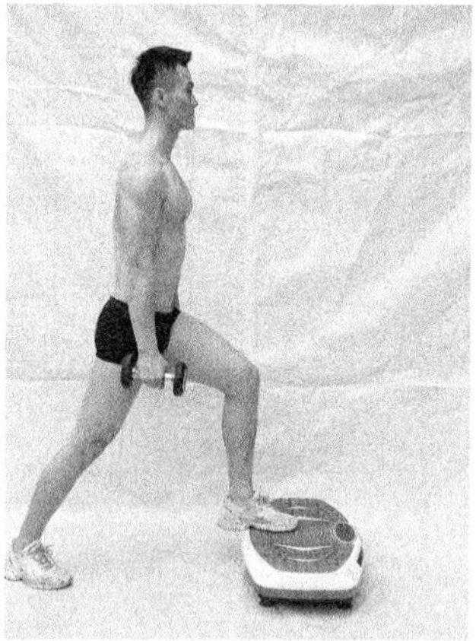

图3-35-2

●技术要点

哑铃交互箭步蹲跳能够锻炼人的下肢爆发力，在振动训练器平面上的训练，尤其是在落地时的缓冲，膝、踝关节周围肌肉承受的力量都比在地面上训练承受的力量要多，同时对臀大肌和股四头肌的刺激也更加明显。

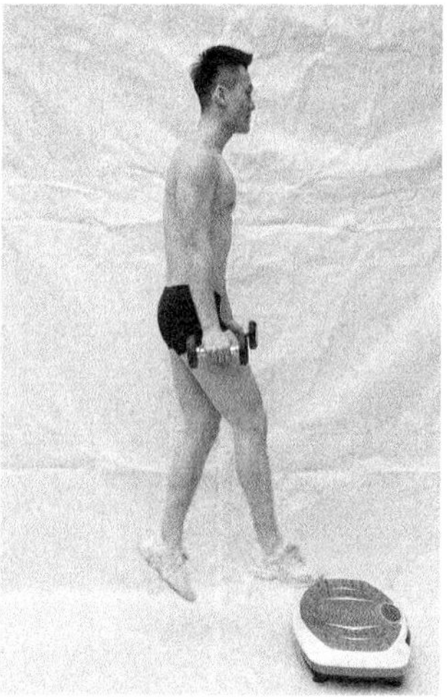

图3-35-3

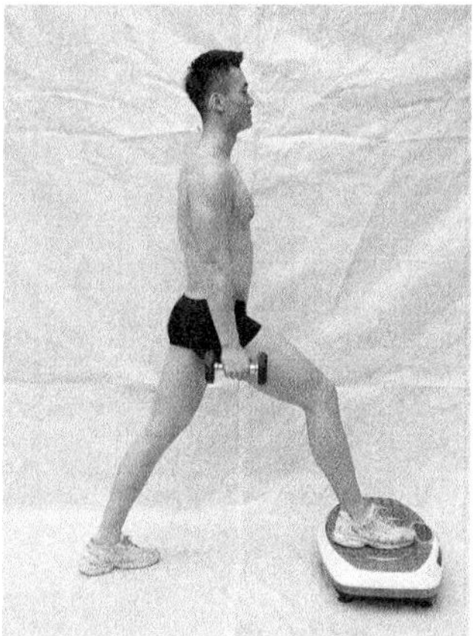

图3-35-1

动作36 哑铃弓步跨箱

●动作方法

（1）将振动训练器放在身体前方约60 cm处，双脚张开与髋同宽。

（2）一只脚踏在振动训练器平面上，身体下沉呈弓步。

（3）站起身，另一只脚跨过振动训练器平面，踏向前方地面。

（4）身体下沉呈弓步，动作恢复至起始位置。双腿交替练习（见图3-36-1和图3-36-2）。

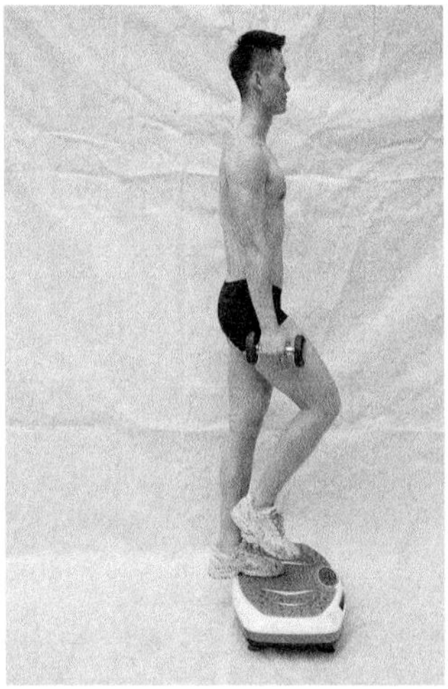

图3-36-1

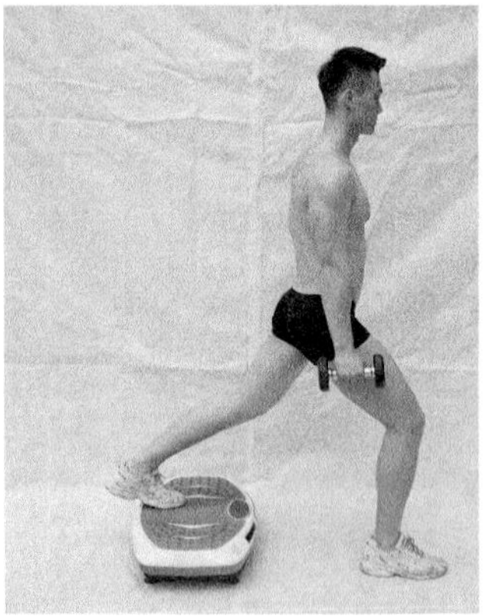

图3-36-2

●技术要点

哑铃弓步跨箱是一个连贯性的动作，双腿肌肉都能训练到。在整个练习过程中，站在振动训练器平面上的一条腿要保持平衡，能够训练踝关节、膝关节以及髋关节的稳定性，并且在单腿支撑阶段股四头肌振动感最为强烈。

动作37　反向哑铃弓步后伸腿

●动作方法

站在振动训练器平面上，双手握住哑铃自然垂于体侧，抬起一只脚向后成弓步，腹部收紧，背部挺直，尽量下蹲。双手自然下垂，然后缓慢站起，收腿回到准备姿势。双腿交替练习（见图3-37-1和图3-37-2）。

●技术要点

后伸腿动作相对于前伸来说难度较大，在振动训练器平面上后伸腿特别能够锻炼人支撑腿的臀大肌、股四头肌、小腿腓肠肌、比目鱼肌的肌力，以及髋关节、膝关节和踝关节的稳定性。

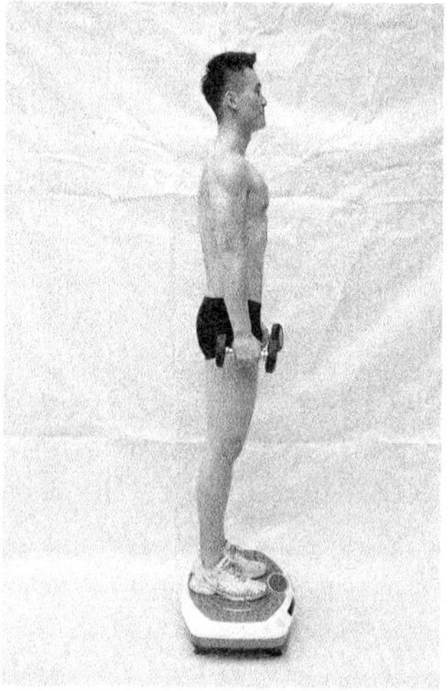

图3-37-1

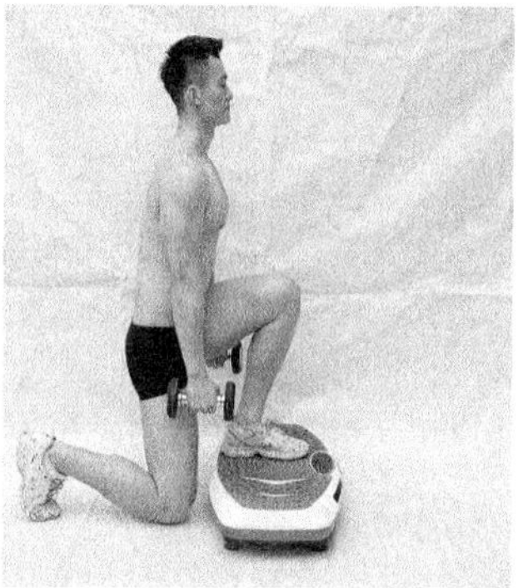

图3-37-2

动作38 哑铃交叉弓步

●动作方法

身体直立于振动训练器平面上，双手握住哑铃自然垂于体侧，单脚向后方伸出呈后交叉屈膝半蹲，停顿一会缓慢收腿站起。双腿交替训练（见图3-38-1和图3-38-2）。

图3-38-1

图3-38-2

●技术要点

哑铃交叉弓步主要锻炼臀大肌和股四头肌，由于支撑脚在振动训练器平面上，还能训练髋、膝以及踝关节的稳定性。

动作39 哑铃弓步旋转

●动作方法

双手托举哑铃两端置于下颌下方，单脚向前迈步呈弓步姿势支撑于振动训练器平面上，同时朝前腿外侧方向旋转上肢。慢慢收腿站起。双腿交替训练（见图3-39-1和图3-39-2）。

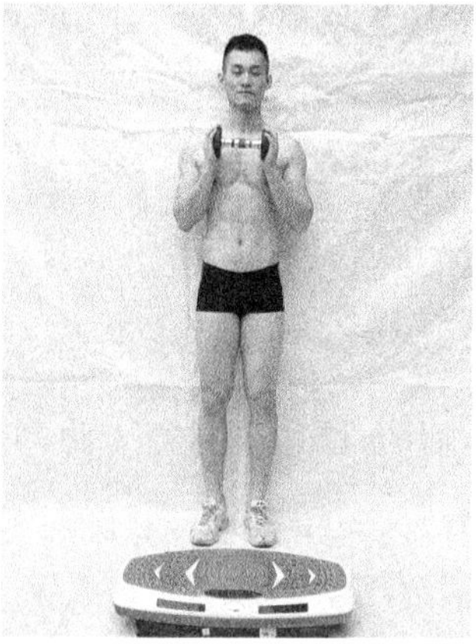

图3-39-1

图3-39-2

●技术要点

在箭步蹲的基础上加入了躯干部位的旋转，在旋转下蹲的过程中能充分感受到前腿臀大肌的发力，缓慢蹲起也是从臀大肌最先开始发力，然后过渡到股四头肌发力。

动作40 单边哑铃箭步蹲

●动作方法

单手托举哑铃置于肩膀前上方，同侧脚向前迈出踏上振动训练器平面，上体保持直立呈弓箭步下蹲，稍作停顿后起身恢复准备姿势。如此反复动作，一定次数后换另一侧训练（见图3-40-1和图3-40-2）。

●技术要点

在单边哑铃箭步蹲的过程中需要核心腹肌和竖脊肌发力保持平衡，该动作有利于解决两侧肢体肌力不平衡的问题。

图 3-40-1

图 3-40-2

动作41 哑铃侧向弓步

●动作方法

双手握住哑铃，掌心相对，自然垂于体侧，一只脚横向跨一大步落在振动器上，身体下沉，同时臀部向后坐并屈膝，停顿数秒站起。双腿交替练习（见图3-41-1和图3-41-2）。

图3-41-1

图3-41-2

●技术要点

哑铃侧向弓步训练对于支撑腿的股四头肌和臀大肌刺激较大，同时能够使另一侧腿的内收肌群得到训练。

第四章　核心肌群

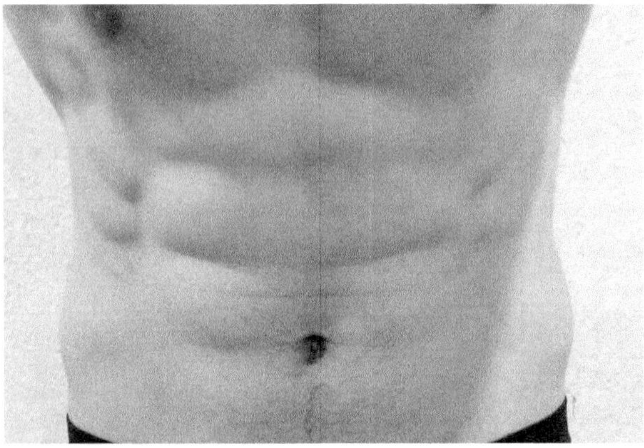

本章主要介绍核心肌群的解剖结构与功能以及振动训练的方法。

核心肌群包括：

（1）腹肌：腹直肌、腹外斜肌、腹内斜肌、腹横肌。起止点：从胸骨柄、肋骨到髂脊和耻骨联合处。功能：前屈、左右旋转。

（2）下背部肌肉：多裂肌、竖脊肌、腰方肌。起止点：从脊柱、肋骨到胸腰筋膜、髂脊。功能：稳定脊柱、后伸。

（3）腰臀肌：阔筋膜张肌、腰大肌、髂肌。起止点：从髂骨内外侧到股骨小转子等处。功能：屈髋。

动作1　平板支撑

●动作方法

(1)脚尖着地,屈肘并将前臂置于振动训练器平面上,同时重心落于前臂,保持大臂与地面垂直。

(2)身体从头到脚保持在一条直线上,核心肌群维持躯干稳定,并促使腹肌向脊柱方向收缩。

(3)保持此姿势一段时间,并调整呼吸(见图4-1-1)。

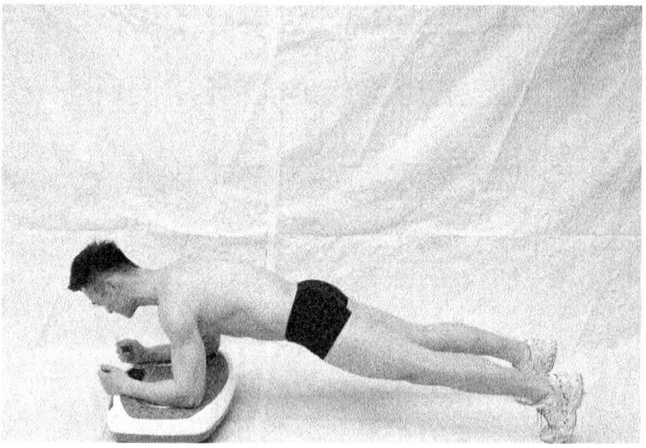

图4-1-1

●技术要点

双臂放在振动平台上,振动刺激通过上臂传达到脊柱胸椎段,菱形肌、斜方肌和前锯肌发力保持上身的平衡,同时腹部肌肉群、腹内斜肌、腹外斜肌、腹直肌和下背部肌肉群共同发力维持躯干的平衡。

动作2　上斜平板支撑

●动作方法

将振动器垫高(置于跳箱平面),脚尖着地,屈肘并将前臂置于振动训练器平面上,同时重心落于前臂,保持大、小臂垂直,从头到脚保持一条直线(见图4-2-1)。

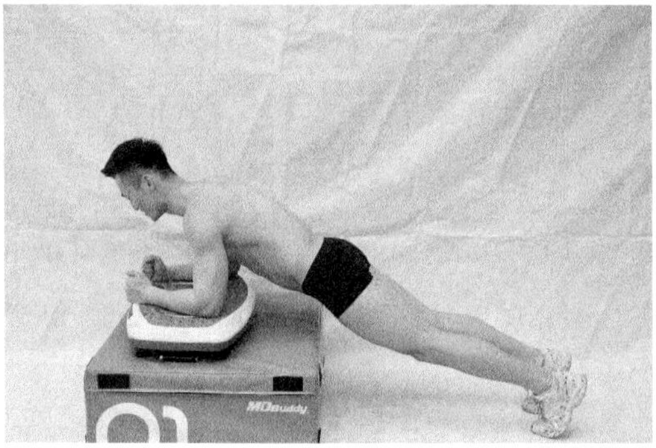

图4-2-1

●技术要点

此动作难度低于标准平板支撑,能够增强肩关节周围韧带的稳定性,锻炼的目标肌肉是上背部肌群、菱形肌、斜方肌、核心腹肌、大腿股四头肌等。

动作3　双膝着地平板支撑

●动作方法

膝盖弯曲，小腿交叉，身体从头到膝盖保持在一条直线上，小臂置于振动双肘置于振动训练器平面上（见图4-3-1）。

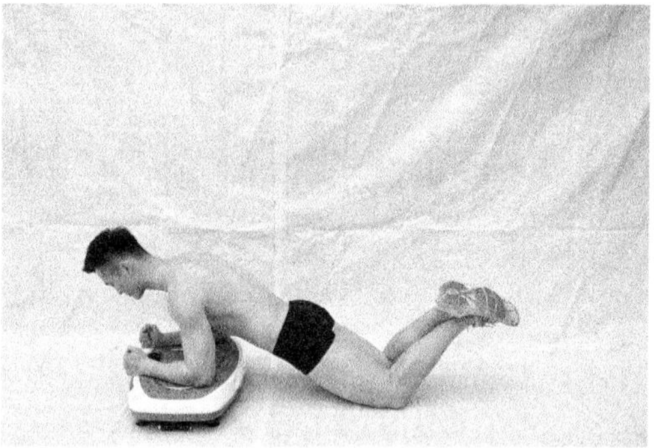

图4-3-1

●技术要点

此动作比标准平板支撑难度要低。当做平板支撑时肩胛骨向两边打开能够充分感受到振动感。注意肩胛骨内侧不要放松，向两边延伸，为了保证身体躯干成一条直线，腹部的核心肌群要处于持续的张力状态。

动作4 垫高脚前平板支撑

●动作方法

双肘置于振动训练器平面上，双脚置于高处，保持躯干在一条直线上（见图4-4-1）。

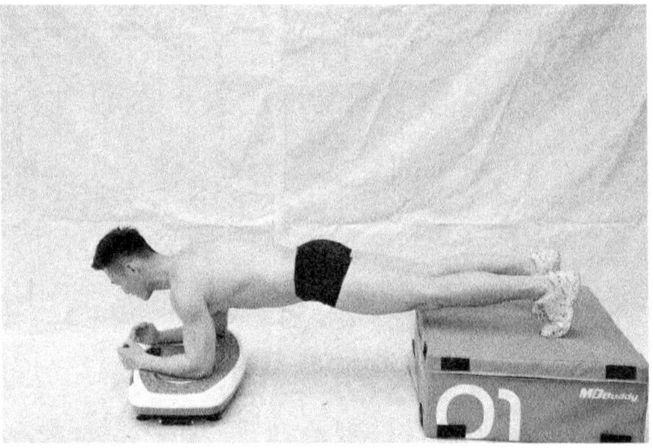

图4-4-1

●技术要点

垫高脚前平板支撑难度高于标准平板支撑。由于双脚置于高处，身体大部分重量都放在双肘，脊柱从颈椎一直到胸椎都有较强的振动感。

动作5　单脚抬高平板支撑

●动作方法

双肘置于振动训练器平面上，单脚放于高处，另一只脚高于一侧脚做平板支撑。双脚交替练习（见图4-5-1）。

图4-5-1

●技术要点

此动作对于支撑腿的股四头肌、单侧腹肌以及抬高腿的竖脊肌、臀肌都有明显的振动刺激。

动作6 延伸平板支撑

●动作方法

双手置于振动训练器上，用手撑住身体重量，双手距离比肩略宽，位于肩膀前方5～20 cm处（见图4-6-1）。

图4-6-1

●技术要点

此动作在训练时振动训练器的振动感觉会沿着手臂一直传达到胸椎段。同时，腹部肌肉群、下背部肌肉群都处于持续振动张力状态。手臂越朝肩膀前方延伸，动作越难。

动作7 抬臂平板支撑

●动作方法

双脚分开，距离略宽于肩，一只手臂抬起伸直与身体呈180°，另一只手肘关节支撑在振动训练器上。双肘交替支撑练习(见图4-7-1)。

图4-7-1

●技术要点

抬起手臂做平板支撑，对于上背部肌肉群的力量要求比较高，为了在振动平台上保持躯干部位的平衡，支撑侧的前锯肌、竖脊肌以及整个核心肌群都必须持续收缩发力。同时，抬高手臂一侧的三角肌、斜方肌也需要持续发力与手臂保持一条直线。

动作8 对侧抬高平板支撑

●动作方法

双脚分开，略宽于肩，抬高对侧手臂与大腿。支撑手的手肘关节放置于振动训练器上。双肘及腿交替练习（见图4-8-1）。

图4-8-1

●技术要点

对侧抬高平板支撑训练竖脊肌、腹部肌群、支撑腿的股四头肌、抬高腿的臀大肌、抬高手的三角肌与斜方肌、支撑手的前锯肌等。对侧抬高平板支撑由于需要保持躯干部位的平衡，核心部位需要调动更多的肌肉来维持稳定。

动作9　瑞士球平板支撑

●动作方法

将瑞士球放置在振动训练器上，双手支撑在瑞士球上，做平板支撑（见图4-9-1）。

图4-9-1

●技术要点

在瑞士球上做平板支撑，腹肌的用力是正常平板支撑的2倍。主要发力肌肉群有腹部肌群、竖脊肌、上背部肌肉、前锯肌以及三角肌等。该动作还能够有效提高肩关节的稳定性。

动作10 双脚抬高瑞士球平板支撑

●动作方法

将瑞士球放置在振动训练器上，双手支撑在瑞士球球面上，双脚抬高，做平板支撑（见图4-10-1）。

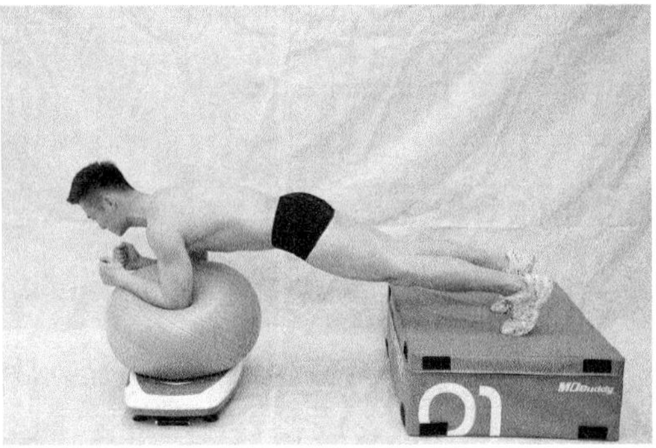

图4-10-1

●技术要点

由于瑞士球球面是一个不稳定的表面，再加上振动训练器的振动，肩关节、上背部肌肉、前锯肌、腹部核心肌、下背部肌群、双腿股四头肌以及臀肌都必须同时协调发力，以维持身体的稳定。

动作11　四肢着地内外抬腿

●动作方法

双手着地，与肩同宽，用力支撑身体。身体核心肌群自然放松，右膝跪在振动训练器平面上，维持膝关节弯曲姿势并紧贴振动训练器平面；左大腿向后伸直抬起，直至与躯干平行，如此反复交替屈伸（见图4-11-1、图4-11-2和图4-11-3）。

图4-11-2

●锻炼目的

此动作可以训练臀大肌、腹内外斜肌和竖脊肌。

图4-11-1

图4-11-3

动作12 瑞士球对侧抬高

●动作方法

将瑞士球置于振动训练器平面上，俯卧式绷紧腹部使重心落于球上，伸直并抬起对侧手臂与大腿。手臂与大腿交替练习（图4-12-1）。

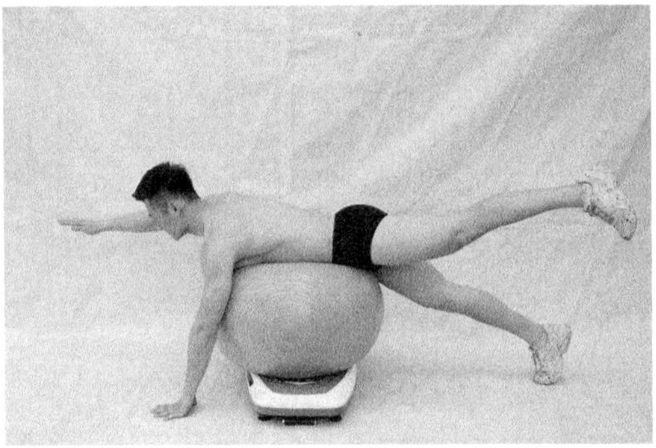

图4-12-1

●技术要点

此动作处于瑞士球的不稳定球面上，需要人体躯干部位的竖脊肌和腹肌协调用力。另外，瑞士球的不稳定球面结合振动训练器平面形成的双重不稳定，对于核心部位肌肉与神经的稳定性练习更加有效。

动作13　猫式动作

●动作方法

双手撑地，与肩同宽，双膝跪于振动训练平面上。头部慢慢下垂，脊椎向上弓起，将上背部抬向天花板。之后上背部慢慢下沉，臀部与头部上翘，脊椎成反弓。循环往复动作（见图4-13-1、图4-13-2和图4-13-3）。

●锻炼目的

猫式动作既能够锻炼脊椎的活动度，又能够锻炼脊椎附近的深层小肌肉群，如半棘肌、多裂肌、髂肋肌、最长肌等。

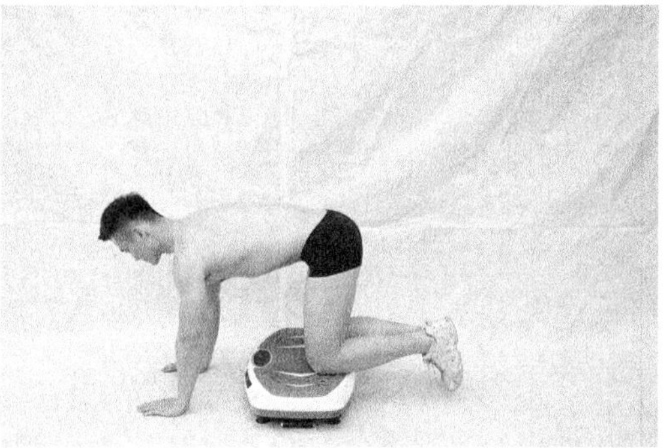

图4-13-1

图4-13-2

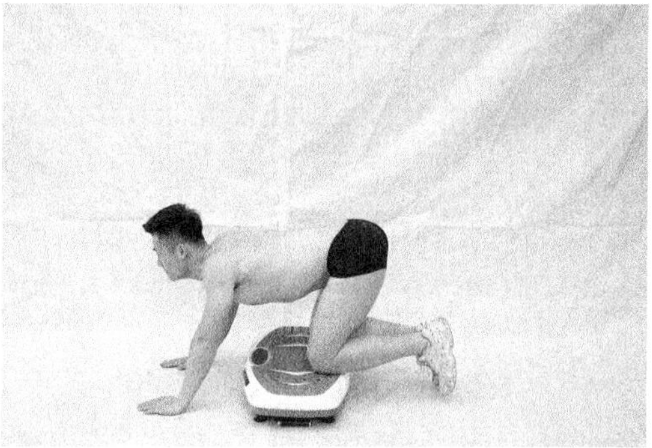

图4-13-3

动作14　侧平板支撑

●动作方法

侧卧，单手屈肘支撑，小臂置于振动训练器平面上，大臂分别垂直于身体和地面。双腿伸直与身体成一直线，腹肌收紧。维持此姿势振动一段时间，并调整呼吸。左右侧交替练习(见图4-14-1)。

图4-14-1

●技术要点

单侧支撑对手臂肩关节的稳定性、肱三头肌和肱二头肌以及前臂肌群的肌肉力量要求比较高，且能够锻炼支撑侧的腹外斜肌、腹横肌以及支撑腿的外展肌群等。

动作15　膝关节着地侧平板支撑

●动作方法

膝关节弯曲成90°着地，上半身通过一侧肘关节和前臂支撑在振动训练器上。左右侧交替练习（见图4-15-1）。

图4-15-1

●技术要点

膝关节着地侧平板支撑可以减少手臂支撑的重量，是侧平板支撑的简化版。侧平板支撑单臂的振动感非常明显，并且能够很好地锻炼人体躯干部位单侧下背部肌群和侧腹肌。

动作16 双脚抬高侧平板支撑

●动作方法

侧卧，单臂屈肘支撑于振动训练器平面，同时大臂与躯干垂直，双脚置于高处。腹肌收紧，使整个身体保持在一条直线上。左右侧交替练习（见图4-16-1）。

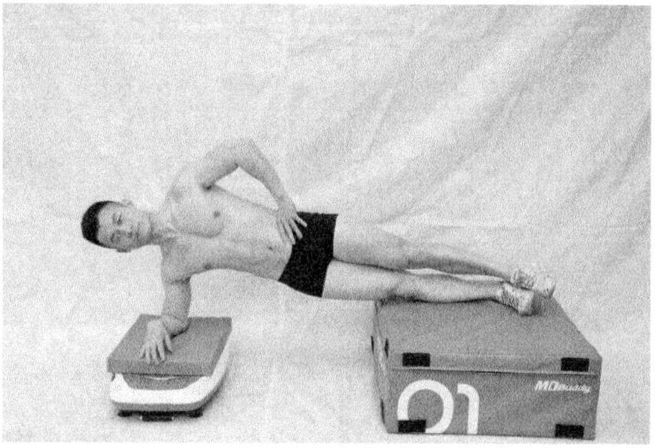

图4-16-1

●技术要点

双脚抬高侧平板支撑难度增大。由于大部分身体重量都集中在肘关节，振动训练器平面的振动感会通过上臂传达到胸椎段，对于肩关节周围韧带的稳定性、腹部外侧肌群、下背部肌群以及单侧腿部的外展肌群都有很好的锻炼效果。

动作17　脚垫瑞士球侧平板支撑

●动作方法

单侧肘部和前臂放置于振动训练器平面上，双脚置于瑞士球上，身体悬空，成侧面平板支撑。左右侧交替练习（见图4-17-1）。

图4-17-1

●技术要点

脚垫瑞士球侧平板支撑需要腹部核心肌群维持躯干的平衡。球面的不稳定加上振动训练器的振动，双重不稳定刺激躯干核心肌肉，能够强化其稳定性。此动作训练的目标肌肉群有斜方肌、前锯肌、三角肌、腹内外斜肌、腹横肌、臀肌等。

动作18　单脚抬高侧平板支撑

●动作方法

肘关节撑于振动训练器平面上，上脚尽可能抬高，核心肌肉保持收紧，从头部一直到躯干部位保持一条直线。左右侧交替练习（见图4-18-1）。

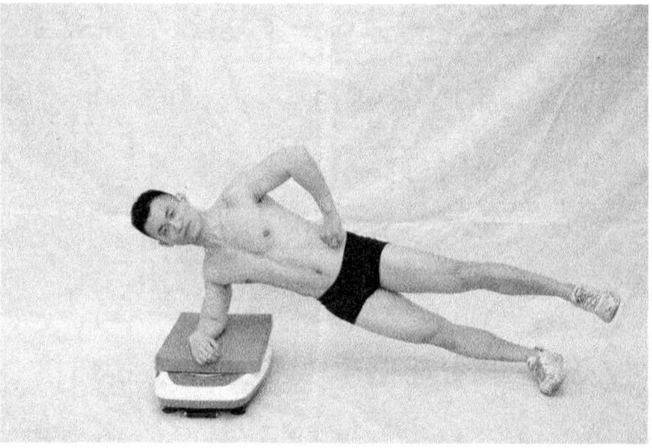

图4-18-1

●技术要点

单脚抬高侧平板支撑对于抬高一侧的臀外展肌群、支撑侧肩袖肌群的稳定性和肌力以及单侧腹内外斜肌都有较好的训练效果。

动作19　抬高下方腿侧平板支撑

●动作方法

前臂支撑在振动训练器平面上，侧面支撑下方小腿向臀部勾起，躯干保持正直。左右侧交替练习（见图4-19-1）。

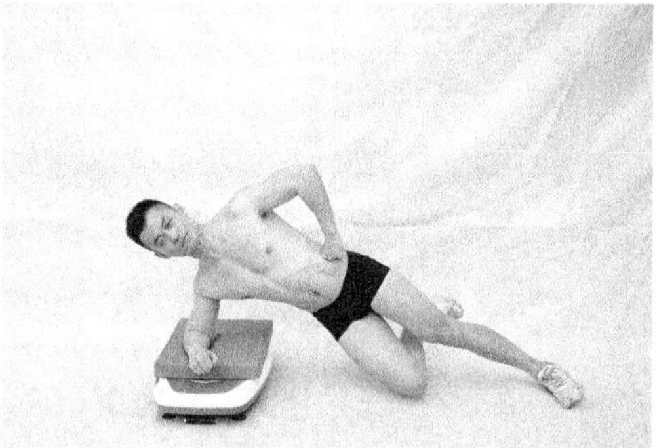

图4-19-1

●技术要点

该动作主要刺激支撑腿的内收肌群和单侧腹部核心肌群。

动作20 下伸式侧平板支撑

●动作方法

双手支撑在振动训练器平面上，腹肌收紧，使整个身体处于一条直线，一只手抬高与地面垂直，然后经体前穿过身体下方，脊柱绕额状轴做旋转运动，再将手臂抽回于垂直地面处，如此反复（见图4-20-1、图4-20-2和图4-20-3）。

图4-20-1

图4-20-2

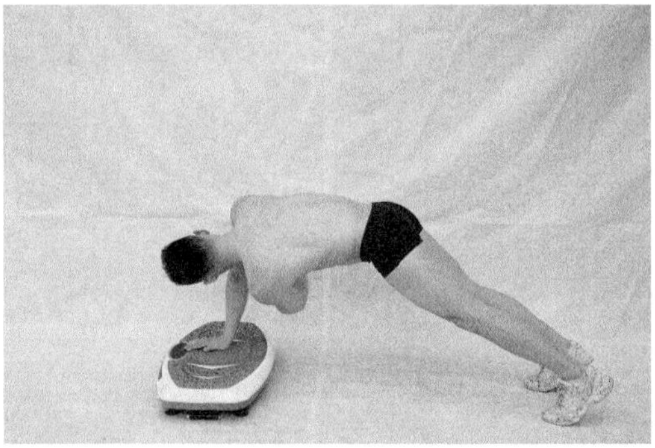

图4-20-3

动作21　增强式侧平板支撑

●动作方法

在标准侧平板支撑动作的基础上，稍抬起上脚前后移动，身体始终保持一条直线。左右侧交替练习（见图4-21-1和图4-21-2）。

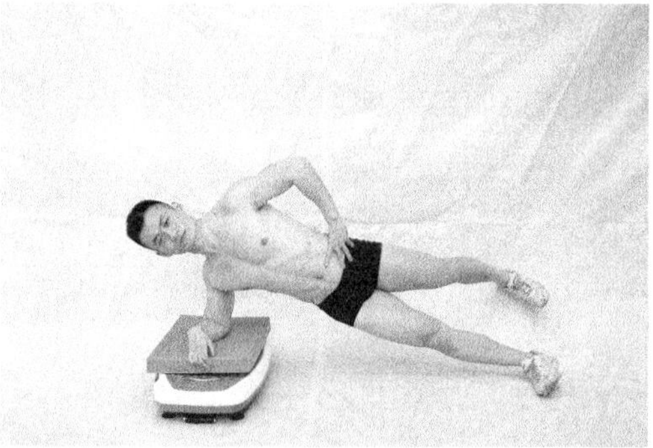

图4-21-1

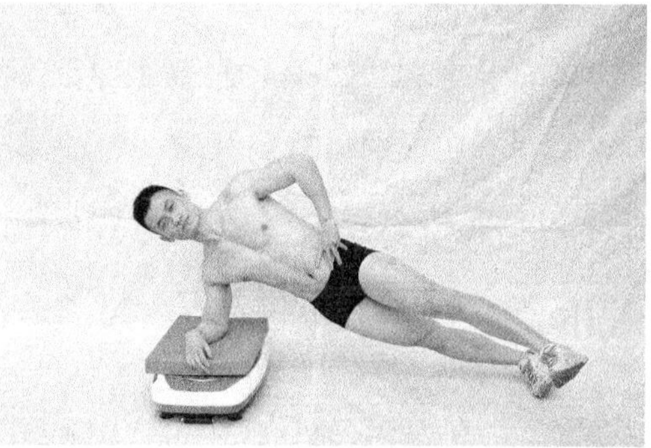

图4-21-2

●技术要点

增强式侧平板支撑对于腹部核心肌肉群的要求更高，以不同角度刺激腹肌以及下背部肌群。使用振动平台时，上半身不断受到振动刺激，下肢以及核心部位要尽可能保持稳定。

动作22 T字形稳定平板支撑

●动作方法

俯卧直臂，手掌撑于振动训练器平面上，腹部收紧，整个身体成一条直线。身体重心转移至单手，另一只手直臂随身体向上旋转，由体前绕至与地面垂直，稍做停顿后回到原位。左右侧交替进行，如此反复（见图4-22-1和图4-22-2）。

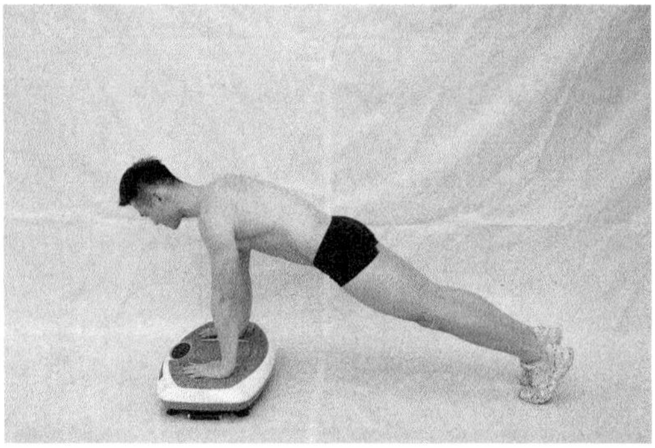

图4-22-1

图4-22-2

●技术要点

旋转时，身体成单手支撑。在振动平台上，为了保持身体的平衡，支撑手臂的前臂肌群、三角肌、斜方肌、前锯肌都有明显的振动刺激感。此时，身体成一个刚体，振动的传达会明显地由手臂到躯干部位，尤其是胸椎段。发力明显的部位为腹内外斜肌。

动作23　双手架高爬山式平板支撑

●动作方法

双手放在高台上，双脚支撑在振动训练器平面上，交互抬起膝盖呈爬山式动作（见图4-23-1和图4-23-2）。

图4-23-1

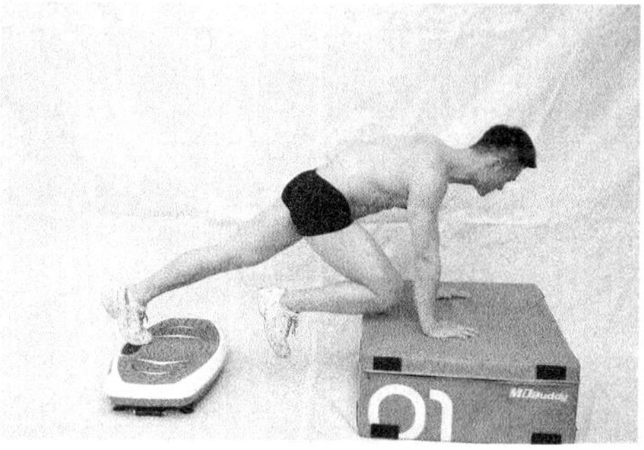
图4-23-2

●技术要点

此动作难度小于标准的爬山式平板支撑，双手抬高后所支撑的身体重量有所减轻，一条腿屈髋肌群和另一条腿的伸髋肌群同时得到较好的锻炼。

动作24　双手药球爬山式平板支撑

●动作方法

双手支撑在药球上，腹部收紧，身体挺直，然后将一只脚的脚尖放置在振动训练器平面上，抬起另一只脚，膝盖慢慢地提向胸部，保持此姿势。双脚交替重复进行（见图4-24-1和图4-24-2）。

图4-24-1

●技术要点

双臂伸直，前臂肱三头肌、肱二头肌，以及三角肌和整个上背部肌肉都要协调用力。前臂支撑于药球上保持身体平衡，手腕关节必须保持稳定，其周围韧带也能得到较好锻炼。

图4-24-2

动作25 双手瑞士球爬山式平板支撑

●动作方法

双脚尖置于振动训练器平面上，双手支撑在瑞士球上，保持手臂伸直，抬起一只脚，膝盖慢慢地提向胸部，保持此姿势。双脚交替进行（见图4-25-1和图4-25-2）。

图4-25-1

图4-25-2

●技术要点

瑞士球面是一个不平稳的表面，在保持身体平衡时，除了核心肌群需用力外，整个上肢肌群以及上背部肌群都需协调用力。双脚位于不稳定的振动训练器平面，双手支撑于不平稳的瑞士球上，迫使核心部位不断调整肌肉力度以维持身体的平衡。

动作26 脚垫瑞士球交叉平板支撑

●动作方法

双脚支撑在瑞士球上，双手支撑于振动训练器平面上，双臂伸直。单侧提膝伸向同侧肘部，然后换脚提起另一条腿的膝盖伸向同侧肘部。交替进行（见图4-26-1和图4-26-2）。

图4-26-1

●技术要点

双手支撑于振动训练器平面上，振动会通过手臂传达至肩关节，目标肌肉是三角肌、菱形肌和上背部肌肉。脚放置在瑞士球上，整个屈髋关节部位的肌肉以及下背部肌肉都需要协调用力以保持躯干的平稳。

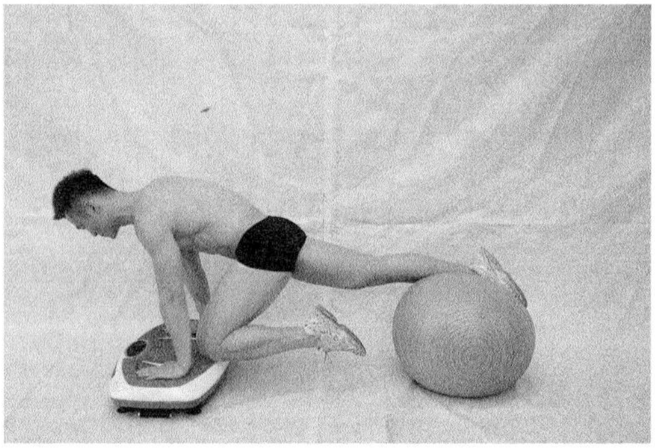

图4-26-2

动作27　瑞士球屈腿

●动作方法

双手支撑在振动训练器平面上，以俯卧撑的姿势，双臂完全绷直，双手间距离略比肩宽，小腿胫骨位置落在瑞士球上。整个身体保持一条直线，核心部位收紧。下背部的姿势保持不变，用脚发力将球勾滚向胸部。稍作停顿后，髋部伸展将球送回原位（见图4-27-1和图4-27-2）。

图4-27-1

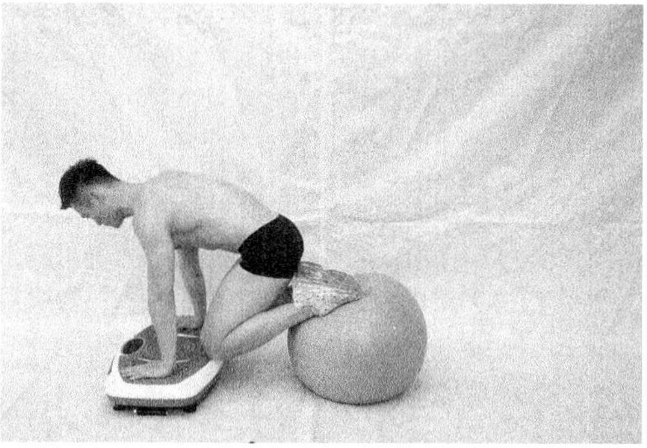

图4-27-2

●技术要点

此动作是动力性动作，主要是腹部肌群发力，同时腰部、下背部也需协调发力保持躯干平稳。振动源位于手掌位置，通过手臂传达至上背部。肩关节周围韧带以及三角肌、菱形肌都能得到训练。

动作28 单腿瑞士球屈腿

●动作方法

以单腿完成瑞士球屈腿动作，将球向前胸部滚动。另一只脚悬空，下背部自然收紧保持正直。反复交替进行(见图4-28-1和图4-28-2)。

图4-28-1

图4-28-2

●技术要点

单腿瑞士球屈腿的动作难度较大，除了屈髋肌群和腹部肌群用力之外，抬高腿一侧的臀部肌群以及下背部竖脊肌、腰方肌需要协调用力保持稳定。

动作29　瑞士球前推

●动作方法

双膝跪在振动训练器平面上，双臂趴在瑞士球上，腰背部挺直，核心肌肉收紧，手臂弯曲约90°。慢慢伸直手臂，推球前滚，上体尽可能前伸，下背部不能下塌，随后腹肌用力慢慢将球拉回原位（见图4-29-1和图4-29-2）。

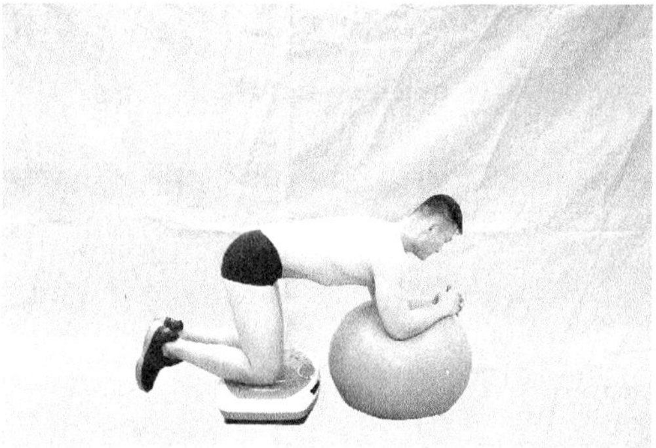

图4-29-1

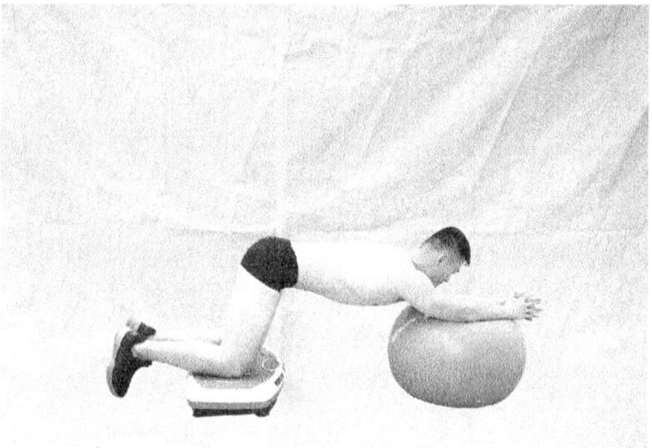

图4-29-2

●技术要点

双膝跪在振动训练器平面上，髋关节周围肌群振动感明显。向前推球时，竖脊肌用力明显，向回拉球时，腹部屈髋肌群以及核心肌群用力感觉明显。

动作30　健腹轮训练

●动作方法

双膝跪在振动训练器平面上，双手抓住健腹轮的两端，慢慢前推，尽量接近地面，腹部收紧。随后将健腹轮缓慢拉回原处（见图4-30-1和图4-30-2）。

图4-30-1

●技术要点

振动通过膝关节、股骨传递到髋关节、躯干。向前推健腹轮时，上背部以及竖脊肌、腰方肌发力感明显；回拉时，前锯肌、大圆肌、小圆肌、腹部核心肌群发力感明显。

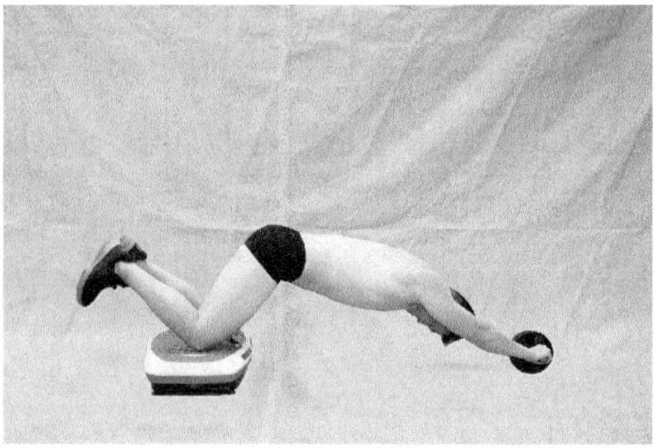

图4-30-2

动作31 俯卧飞燕动作

●动作方法

在振动训练器平面上垫一块软垫，俯卧，上腹部置于振动平训练器面上，双臂后举。臀大肌和下背部肌肉绷紧，身体呈反弓高抬，保持腹部支撑（见图4-31-1）。

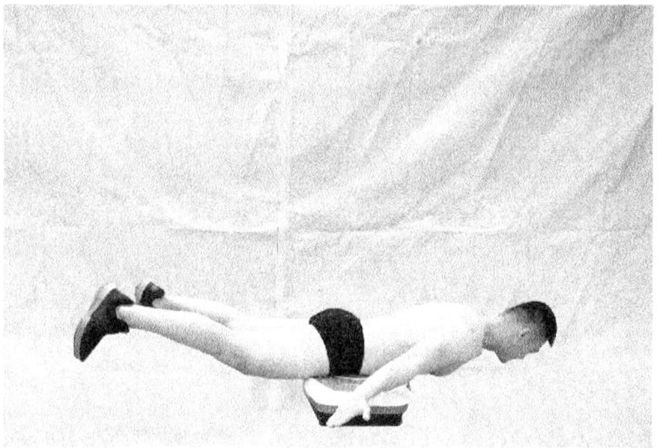

图4-31-1

●技术要点

此动作能够有效训练臀肌、竖脊肌、腰方肌、斜方肌、菱形肌等。同时，由于腹部直接与振动训练器平面接触，整个腹部核心肌肉群振动感明显。

动作32 俄罗斯旋转

●动作方法

屈膝坐在振动训练器平面上，双臂前平举，身体后倾。保持腹肌收紧，以上臂带动身体向左（右）旋转。当旋转至极点时，稍作停顿，然后向反方向旋转（见图4-32-1、图4-32-2和图4-32-3）。

●技术要点

坐在振动训练器平面上，整个髋关节以及臀部均有明显的振动感，为了维持身体姿势不变，屈髋肌群与整个核心肌群都在协调用力。在旋转的过程中，腹外斜肌和腹内斜肌的收缩感也比较明显。反复练习此动作会感觉到躯干颤抖，整个核心肌群都被调动起来。

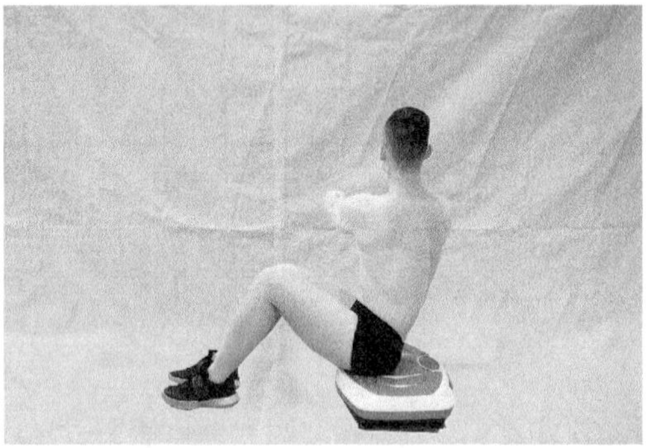

图4-32-1

图4-32-2

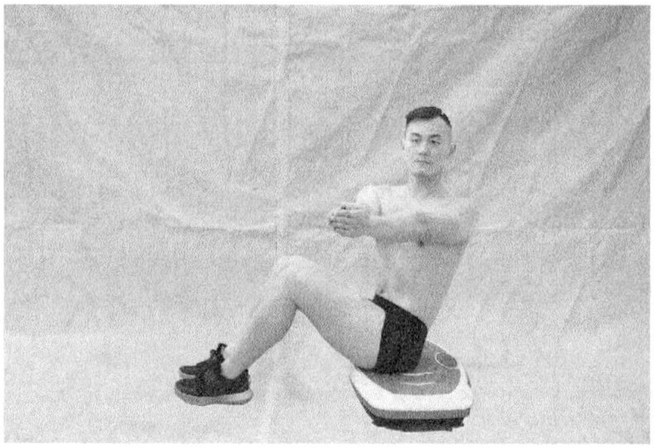

图4-32-3

动作33　负重俄罗斯旋转

●动作方法

在俄罗斯旋转动作的基础上负重，双手握住杠铃片或哑铃（见图4-33-1、图4-33-2和图4-33-3）。

图4-33-2

●技术要点

此动作难度大于标准俄罗斯旋转，因为双手负重，所以核心部位必须用更多的力来维持躯干的平衡，保证稳定旋转，同时三角肌也持续用力以稳定手臂。

图4-33-1

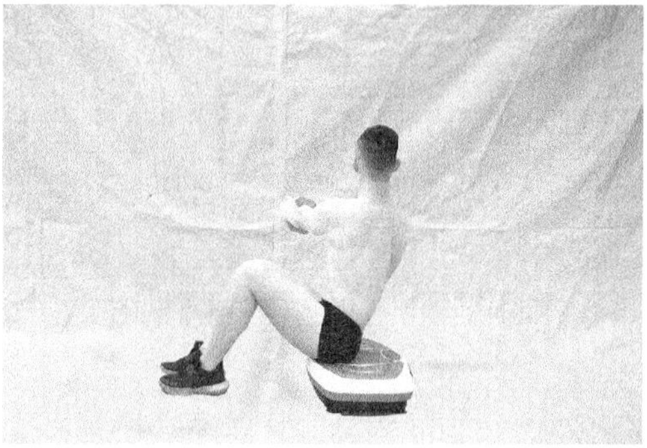

图4-33-3

动作34　抬脚俄罗斯旋转

●动作方法

在俄罗斯旋转的基础上抬高双脚，身体向后倾，双脚并拢，做旋转动作，此时下背部和腹部的压力随之增加（见图4-34-1和图4-34-2）。

●技术要点

此动作仅有臀部接触振动训练器平面，在保持躯干维持相对稳定姿势的同时，还要左右旋转，对核心力量的要求较大。

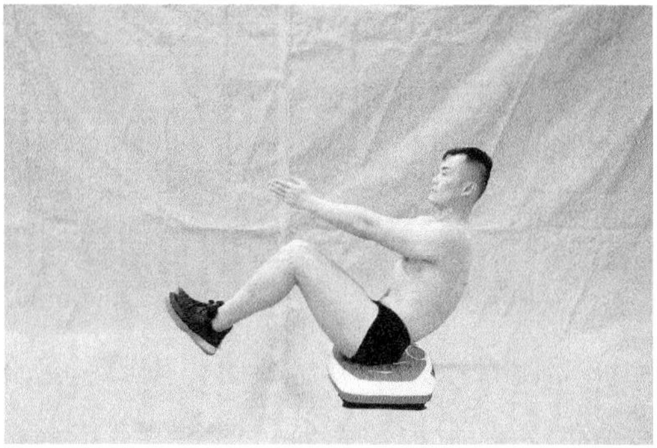

图4-34-1

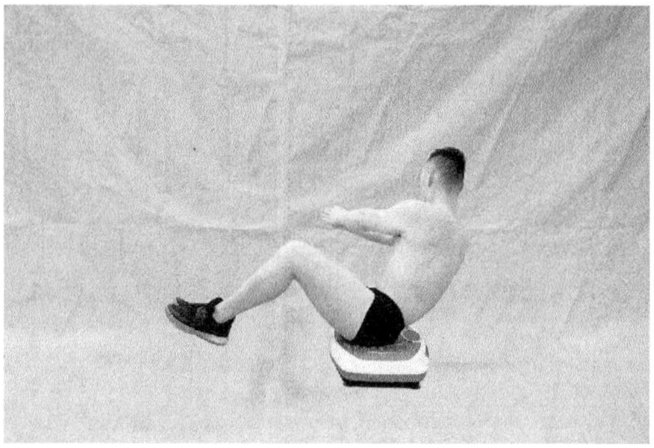

图4-34-2

动作35　脚踏车俄罗斯旋转

●动作方法

抬起双脚与地面平行，左腿伸直，右膝提向胸部，同时身体向右旋转，整个动作过程中双脚不能落地。身体左转时，动作相同，方向相反（见图4-35-1、图4-35-2和图4-35-3）。

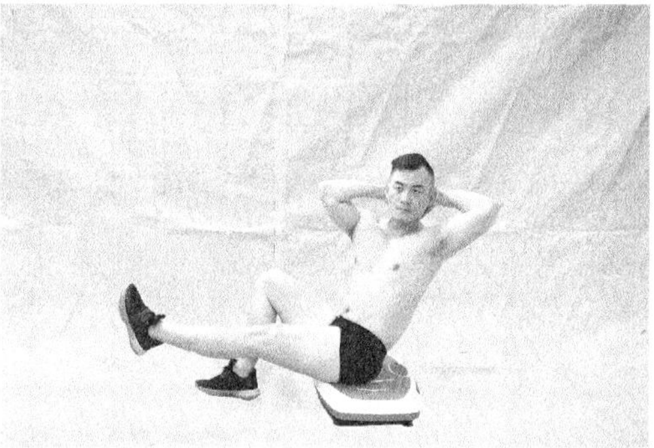

图4-35-2

●技术要点

此动作是左右交替式旋转，对单侧腹肌刺激很强，同时在左右旋转的过程中，腹肌和下背部肌肉须用力均匀。坐在振动训练器平面上可直接刺激盆底肌和腹部核心肌群。

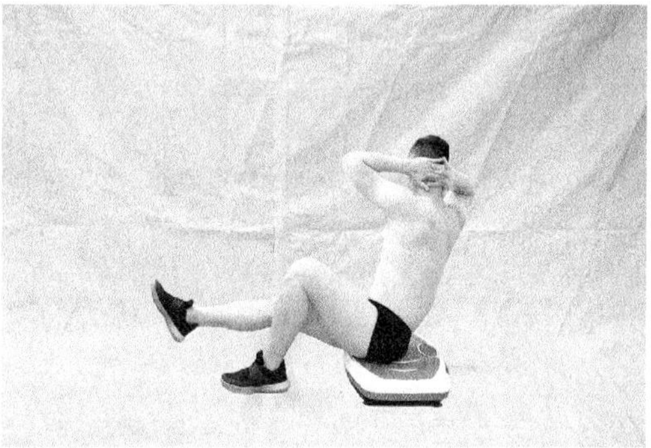

图4-35-3

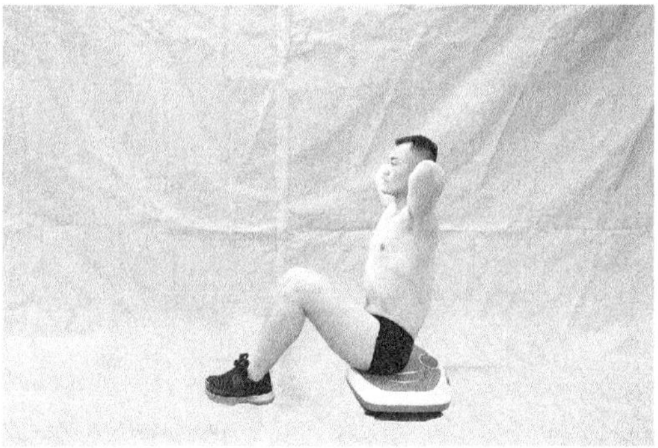

图4-35-1

动作36 瑞士球俄罗斯旋转

●动作方法

上背部躺在瑞士球上，双脚踩在振动训练器平面上，双手合十，向上伸直垂直于地面，核心肌肉收紧，上半身向一侧转动，稍作停顿后再向另一侧转动（见图4-36-1、图4-36-2和图4-36-3）。

●技术要点

上背部靠在瑞士球上做俄罗斯旋转主要训练腹内斜肌和腹外斜肌。同时，躯干、下背部保持正直状态，也需要竖脊肌和腰方肌用力。双脚在振动训练器平面上，通过腿部传导，下腹部以及髋关节周围肌群均有明显振动感。

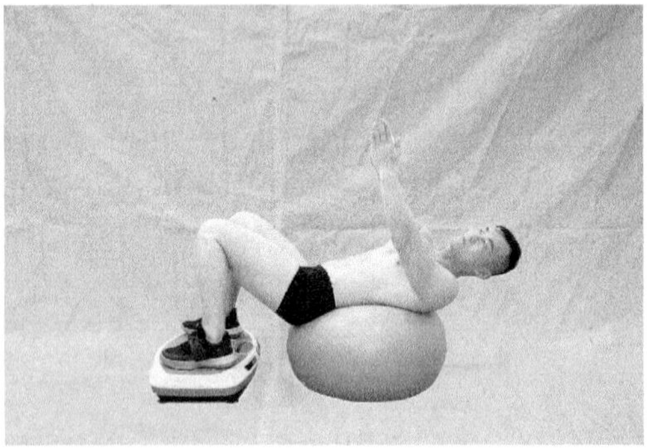

图4-36-1

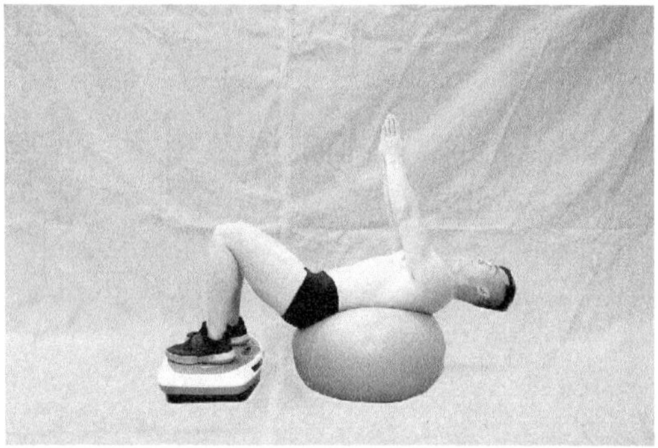

图4-36-2

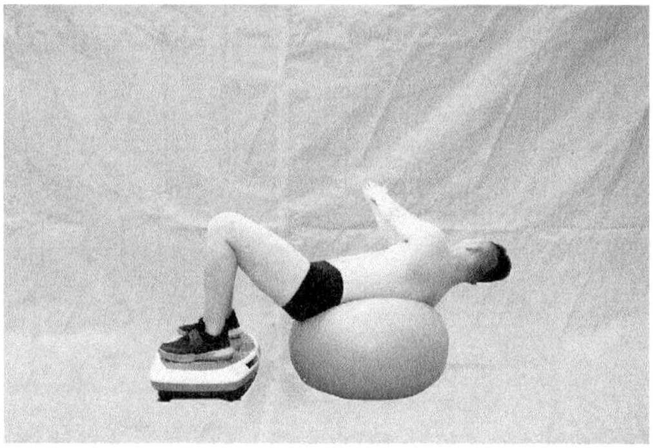

图4-36-3

动作37　臀部交互伸展

●动作方法

仰卧，肩、背、腰躺在振动训练器平面上，头部放置一块瑜伽砖。双脚抬高，臀部与膝盖约成90°，腹肌收紧，双腿向一侧转动，肩部紧贴振动训练器平面，稍作停顿后再向另一侧转动（见图4-37-1、图4-37-2和图4-37-3）。

●技术要点

在转体的过程中主要训练腹内斜肌和腹外斜肌。双腿并拢，髋内收肌群和腹直肌下部均有刺激。为了保持自然的腰椎曲度，下背部肌群需保持一定张力。躺在振动训练器平面上，躯干振动非常强烈，振感延伸至头顶与脚趾。此动作对稳定脊椎、躯干的肌群训练效果比在地面训练更加明显。

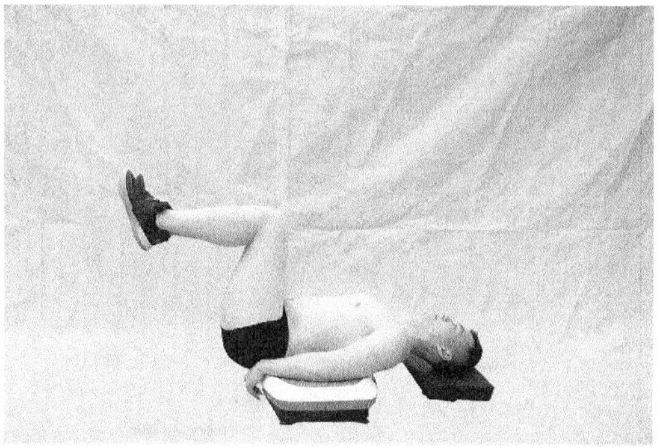

图4-37-1

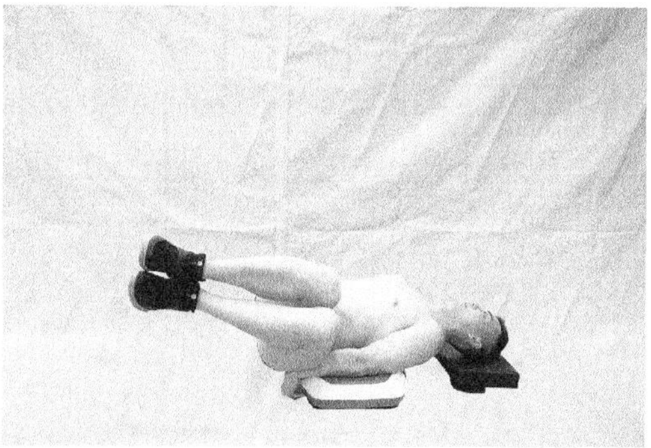

图4-37-2

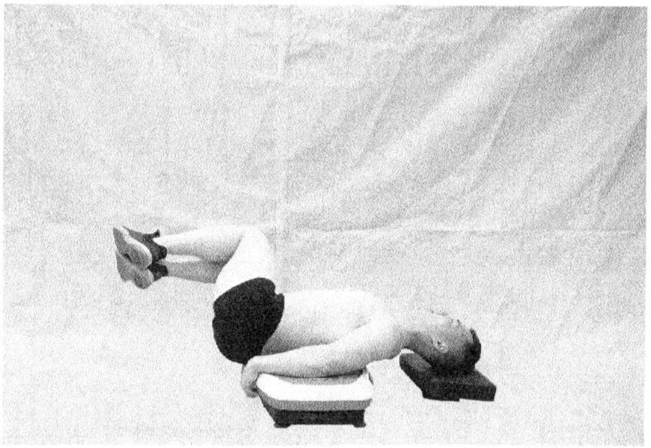

图4-37-3

动作38 瑞士球臀部交互伸展

●动作方法

在振动训练器平面前放一个瑞士球，背部躺在振动训练器平面上，小腿放于瑞士球上方，大腿后侧紧贴瑞士球，将球夹在大小腿间，做交互伸展动作（见图4-38-1、图4-38-2和图4-38-3）。

●技术要点

瑞士球交互旋转难度小于悬空交互旋转。瑞士球可以将腿架高，对于下腹部的刺激有所减少，对左、右腹内斜肌和腹外斜肌的刺激最明显。

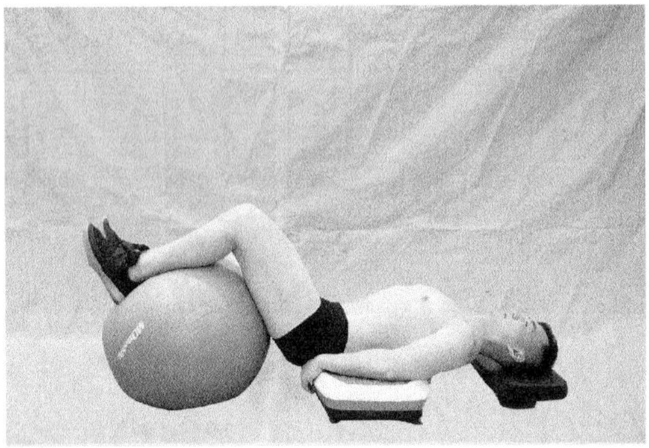

图4-38-1

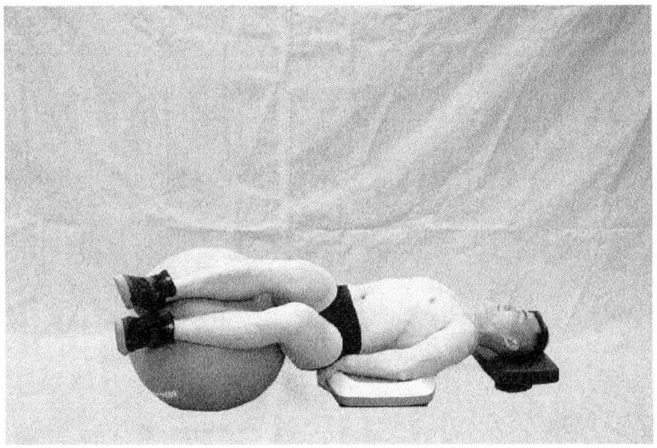

图4-38-2

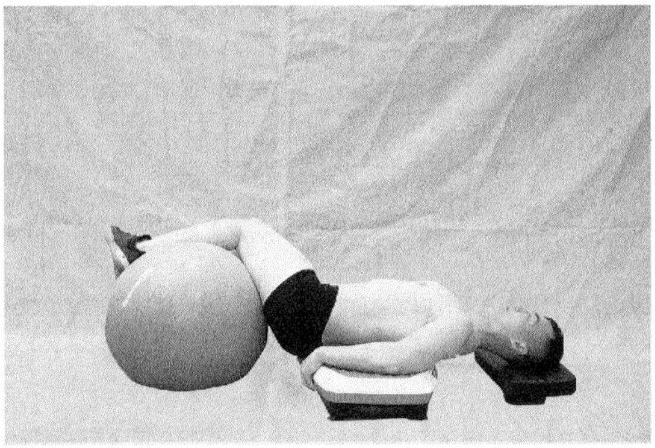

图4-38-3

动作39　卷　腹

●动作方法

整个背部躺在振动训练器平面上，颈椎和臀部落于两端，双膝弯曲，脚踩地面，双手交叉置于脑后。抬起头和肩膀，使肩胛骨离开振动训练器平面，稍作停顿，缓慢回到原位（见图4-39-1和图4-39-2）。

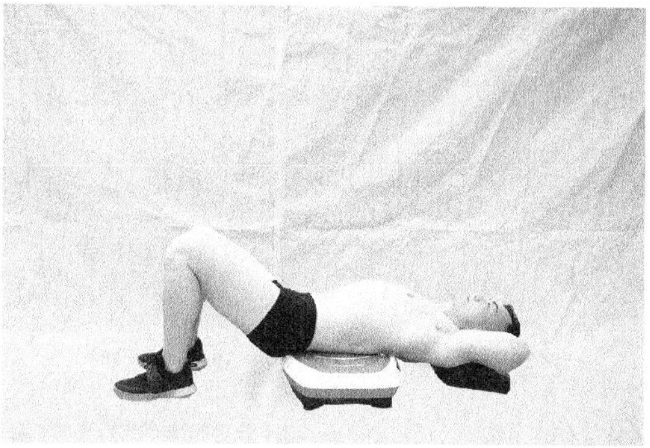

图4-39-1

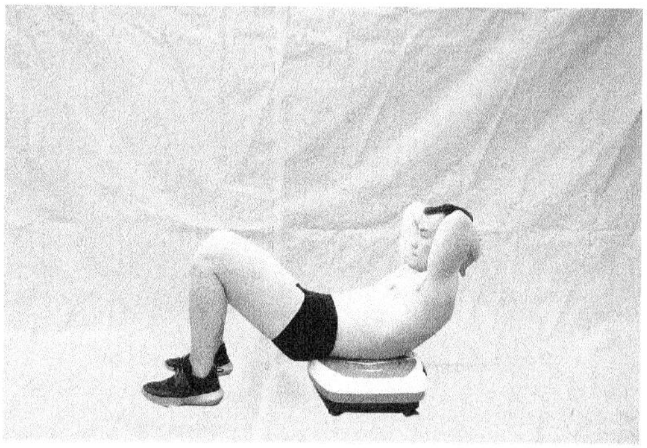

图4-39-2

●技术要点

卷腹对于上腹部肌肉刺激极大，训练过程中保持颈椎正直，不可过度弯曲借力。抬起上背部时，主要的振动刺激在背部和腹部。慢慢放下时，振动就会通过颈椎传递至头部。

动作40 抬腿卷腹

●动作方法

躺在振动训练器平面上，双腿并拢伸直抬高，上背部抬离振动训练器平面，随后慢慢回到原位（见图4-40-1和图4-40-2）。

●技术要点

此动作需要较好的腹肌力量。上、下腹部肌肉持续收缩，同时还能锻炼屈髋肌群，振感可从背部传递至脚趾。

图4-40-1

图4-40-2

动作41　V字形起坐

●动作方法

仰卧在振动训练器平面上，双腿并拢伸直，迅速抬起身体，膝盖提向胸部，随后缓慢恢复原位（见图4-41-1和图4-41-2）。

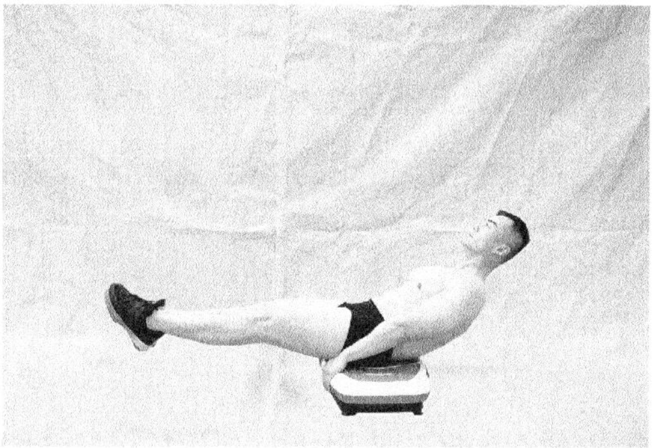

图4-41-1

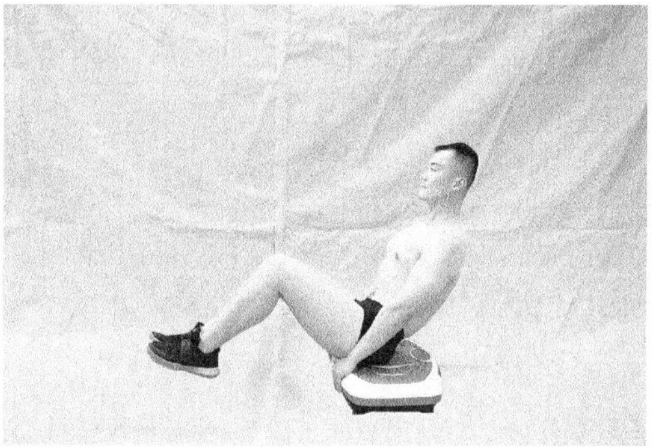

图4-41-2

●技术要点

此动作可锻炼整个腹部核心肌群。以腹直肌发力为主，同时屈髋肌群和下背部肌群辅助用力。在振动训练器平面上做V字形起坐：平躺时，全身振感明显；坐起时，振感主要集中于臀部、腹部和髋部。

动作42 瑞士球卷腹

●动作方法

背靠瑞士球，双臂交叉放于胸前，双肘打开，双脚踩在振动训练器平面上，抬起头和肩膀，稍作停顿，再恢复原位（见图4-42-1和图4-42-2）。

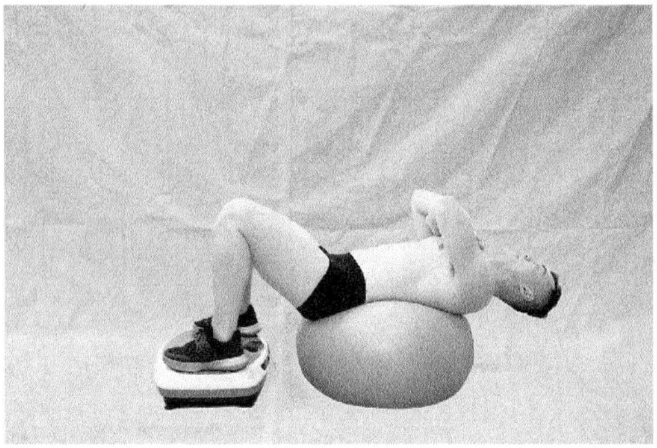

图4-42-1

图4-42-2

●技术要点

瑞士球平面不稳定，为了保证躯干一直在球面上，需臀部和下背部肌肉用力保持稳定，同时双脚的振动也能传达到髋部。在训练上腹部肌肉的同时，亦能锻炼臀部和下背部肌肉。

动作43　反向卷腹

●动作方法

仰卧在振动训练器平面上，双腿并拢，大腿与地面垂直，小腿与地面平行，臀部向上抬起，向内卷曲，稍作停顿后恢复原位（见图4-43-1和图4-43-2）。

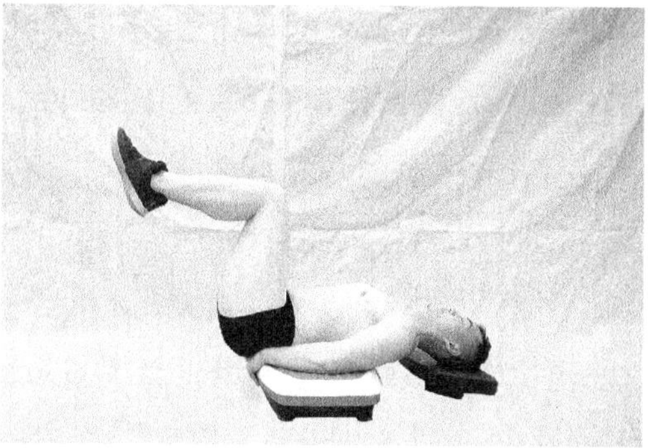

图4-43-1

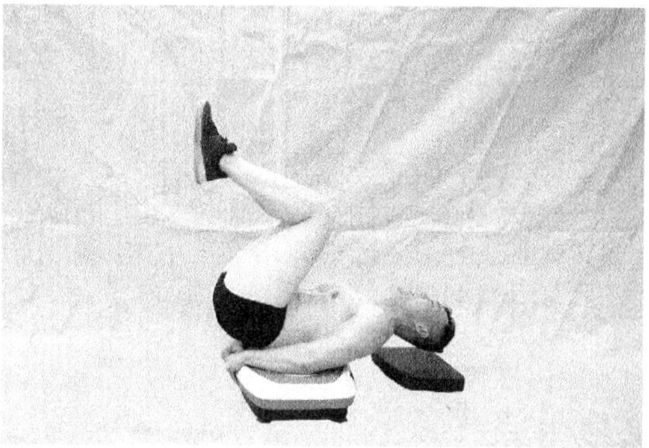

图4-43-2

●技术要点

反向卷腹集中刺激下腹部肌群以及屈髋肌群，双腿下放时，注意控制下落速度，越慢难度越高。抬高臀部时背部振感明显，落腿时全身振感明显。

动作44 泡沫轴反向卷腹

●动作方法

仰卧在振动训练器平面上，小腿与大腿后侧夹住泡沫轴，慢慢向上抬起臀部，稍作停顿后回到原位（见图4-44-1和图4-44-2）。

●技术要点

泡沫轴反向卷腹可以固定膝关节弯曲角度，使腹直肌和腹内外斜肌用力感更明显。

图4-44-1

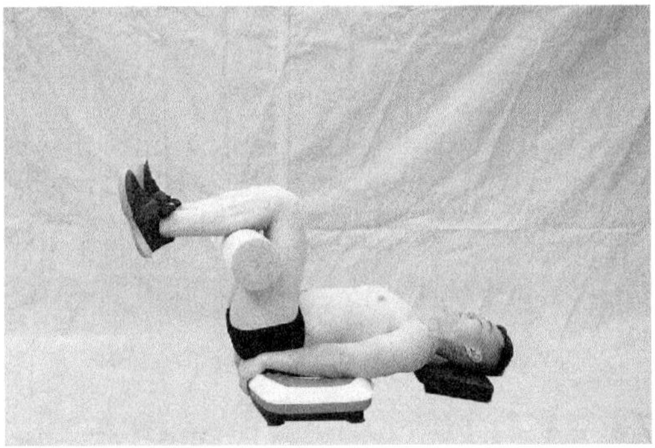

图4-44-2

动作45　收腹举腿

●动作方法

仰卧在振动训练器平面上，双腿并拢伸直与地面平行，慢慢抬高，臀部不要翘起，保持腿部伸直，再慢慢放下恢复原位（见图4-45-1和图4-45-2）。

图4-45-1

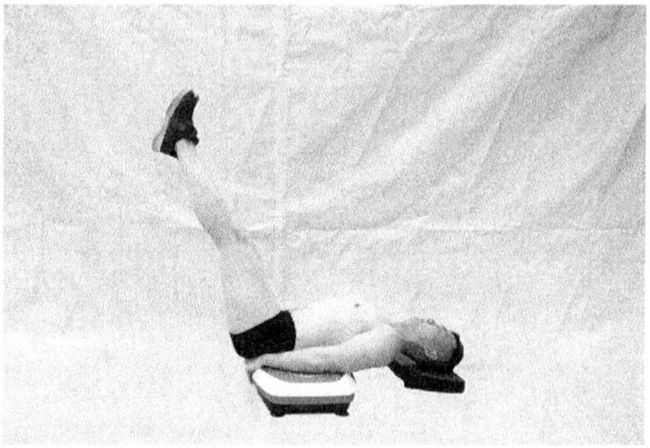

图4-45-2

●技术要点

此动作难度系数高于反向卷腹，双腿伸直，力臂增加，同时臀部不得翘起。主要用力都在腹部和屈髋肌群，缓慢下落时控制速度，腹肌有明显的离心收缩。落腿时振动延伸至脚趾，举腿时振动刺激主要集中在躯干部位。

动作 46 夹球收腹举腿

●动作方法

在收腹举腿的基础上，两脚踝之间夹住一个篮球，可自由调整膝盖弯曲程度，腿越直难度越高（见图 4-46-1 和图 4-46-2）。

●技术要点

此动作训练髋内收肌群和下腹肌，主动夹球会有明显的发力感。

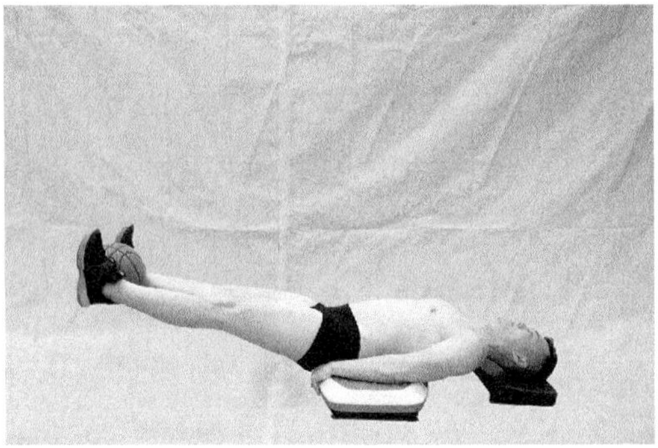
图 4-46-1

图 4-46-2

第五章　背部肌群

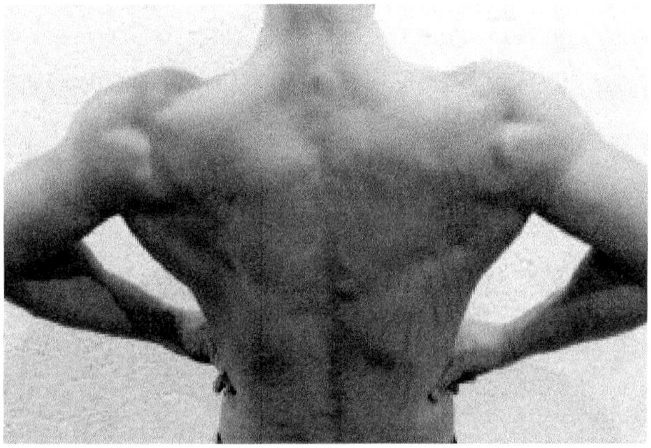

本章主要介绍背部肌肉的解剖结构与功能以及振动训练的方法。

背部肌肉主要由斜方肌、菱形肌、大小圆肌和背阔肌组成。

斜方肌分为上斜方肌、中斜方肌和下斜方肌，位于上背部。上斜方肌负责抬肩；中斜方肌的一端垂直连接脊椎，另一端附着于肩峰，负责将肩胛骨拉向背部中间；下斜方肌肌纤维向上连接到肩胛骨，负责将肩胛骨向下拉。

菱形肌位于斜方肌的深层，包含大菱形肌和小菱形肌，连接脊椎与肩胛骨，负责协助斜方肌将肩胛骨拉近。

大小圆肌从肩胛骨外侧连接到肱骨内侧，负责协助背阔肌将上臂拉到体侧。

背阔肌是最主要的背部肌肉，起于胸腰筋膜，沿脊椎和髂骨连接到肱骨内侧，主要负责将抬起的上臂拉向身体两侧。

动作1 引体向上

●动作方法

双手略宽于肩，正握横杆，屈膝，小腿交叉。将胸部拉向横杆，肩胛骨收紧，稍作停顿，缓慢伸肘至起始位（见图5-1-1）。

图5-1-1

●技术要点

将振动训练器放在高处，通过两侧连接的绳子来固定横杆。直臂时，振动直达两侧背阔肌和大小圆肌。顶峰时，两侧手臂压力增大，振动主要集中在胸椎段。此动作能够刺激背阔肌、大小圆肌、菱形肌、斜方肌下部以及手臂的肱二头肌。因为覆盖面比较广，引体向上几乎能够训练到整个背部，是训练背部的黄金动作。

动作2　反手引体向上

●动作方法

双手略宽于肩，反握横杆，屈膝，小腿交叉，将胸部拉过横杆，稍作停顿，缓慢伸肘至起始位（见图5-2-1和图5-2-2）。

●技术要点

反手引体向上难度低于正手引体向上。当身体拉向横杆时，反手引体向上动用的肱二头肌相对较多，但对大小圆肌的刺激不如正手引体向上。预备姿势时，振动通过绳索传达到两侧背肌，上拉时振动手臂，顶峰时振动上背部。

图5-2-1

图5-2-2

动作3　宽握引体向上

●动作方法

双手正握横杆，握距约为肩宽的1.5倍，屈膝，小腿交叉，将胸部拉过横杆，稍作停顿，缓慢伸肘至起始位（见图5-3-1和图5-3-2）。

图5-3-1

图5-3-2

●技术要点

宽握引体向上难度比较大，主要刺激的是大小圆肌，是训练背宽的黄金动作。相对于标准引体向上，它在顶峰收缩时难度更大，同时还能刺激三角肌后束。

动作4 立握引体向上

●动作方法

双手掌心相对，握住振动训练器两端的绳套，将胸部拉至与绳套同样的高度，稍作停顿，然后缓慢放下至起始位（见图5-4-1和图5-4-2）。

图5-4-1

图5-4-2

●技术要点

立握引体向上的难度系数介于标准引体向上和反手引体向上之间，因绳套振动，所以做引体向上时，前臂肌肉需要发力，以保持身体稳定。由于握距窄，立握引体向上对斜方肌上束和肱二头肌的刺激更多。

动作5　悬垂臂划船

●动作方法

双手略宽于肩，正握横杆，手臂伸直悬挂，双手位于肩部正上方，双脚着地，身体挺直。动作开始时，肩胛骨收紧，将胸部拉向横杆，稍作停留，再缓慢回到起始位（见图5-5-1和图5-5-2）。

图5-5-1

图5-5-2

●技术要点

直臂时，振感通过手臂传递到全身；屈肘时，振感主要集中在手臂和胸椎段。此动作主要锻炼菱形肌、斜方肌和三角肌后束。为保证训练效果，身体要保持一条直线，收腹且下背收紧。

动作6 屈膝悬垂臂划船

●动作方法

膝盖弯曲成90°做悬垂臂划船，保持躯干正直（见图5-6-1和图5-6-2）。

●技术要点

膝盖弯曲会减少手臂所承受的身体重量，屈膝悬垂臂划船难度低于标准悬垂臂划船。顶峰收缩时除上背部肌肉发力外，下背部和臀部也收缩用力。

图5-6-1

图5-6-2

动作7　反手悬垂臂划船

●动作方法

双手反握单杠，握距与肩同宽，身体成一条直线，时刻保持收腹立腰（见图5-7-1和图5-7-2）。

●技术要点

反手悬垂臂划船，肱二头肌用力更多，同时也可刺激到背阔肌下缘。

图5-7-1

图5-7-2

动作8 立握式悬垂臂划船

●动作方法

握住连接在振动训练器两端的绳套做悬垂臂划船，过程中要保持身体稳定，不要出现躯干晃动（见图5-8-1和图5-8-2）。

●技术要点

因绳套振动，所以在做立握式悬垂臂划船时，前臂肌群和肩袖肌群均需发力来保持肩和手臂的稳定，这样还可以练习周边小肌肉群的肌耐力。

图5-8-1

图5-8-2

动作9 瑞士球高脚悬垂臂划船

●动作方法

将脚放置在瑞士球上做悬垂臂划船，将身体拉向横杆时要保持躯干的稳定，不能在瑞士球上晃动(见图5-9-1和图5-9-2)。

●技术要点

因瑞士球不稳定，所以在训练上背部肌肉的同时，只有紧收核心肌肉，方可保持身体的平衡。

图5-9-1

图5-9-2

动作10 单臂悬垂臂划船

●动作方法

右手握住横杆，左手放空，右手上拉，屈肘成90°，左手臂向上伸直。右手完成一定次数后，换左手再做相同的动作（见图5-10-1和图5-10-2）。

图5-10-1

图5-10-2

●技术要点

单臂悬垂臂划船难度系数很高，不仅要求背部肌肉发力，还需要核心部位发力，以保持躯干的平衡。该动作是单侧的肌肉训练，有利于改善双侧肌肉肌力不平衡的状况。起始时，振动主要是通过固定手臂传到躯干上部，另一侧感觉不明显。顶峰收缩时，振动主要集中在固定手臂及其同侧上背部肌肉，另一侧手臂感觉不强烈。此动作训练的目标肌肉为斜方肌、菱形肌、三角肌后束以及腹部核心肌群。

第六章　肩臂肌群

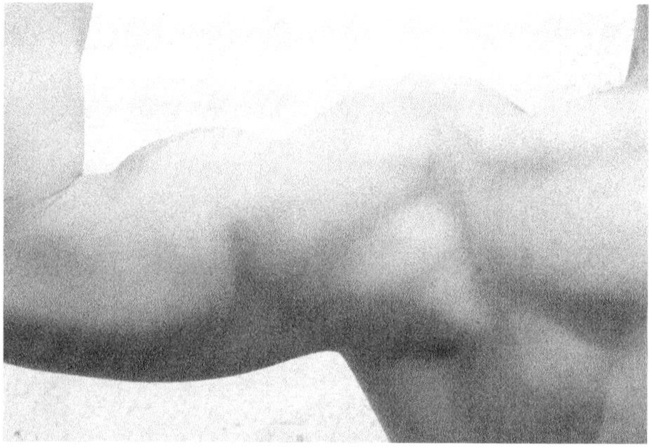

本章主要介绍臂肌群的解剖结构与功能以及振动训练的方法。

肩臂肌群主要分为肩部肌群和手臂肌群。

肩部肌群包括三角肌(从肩峰、肩胛骨连接到肱骨三角肌粗隆)和肩袖肌群(包括冈上肌、冈下肌、大小圆肌和肩胛下肌)等。

手臂肌群包括肱二头肌(从肩胛骨关节盂和喙突连接到桡骨粗隆和前臂肌筋膜)、肱三头肌(从肩胛骨和肱骨连接到尺骨鹰嘴)和前臂肌群等。

肩部肌肉和手臂肌肉紧密相连,日常许多动作都同时训练到这两个部分的肌肉。在振动训练中,大部分上肢训练都是通过手臂将振动刺激传导至肩关节的。

动作1 肩上举

●动作方法

将振动训练器置于身体后方，双脚自然开立与肩同宽。振动训练器的两端各连接一根绳索，双手各持一根，手臂伸直，使绳套处于紧绷状态，腰背保持正直（见图6-1-1）。

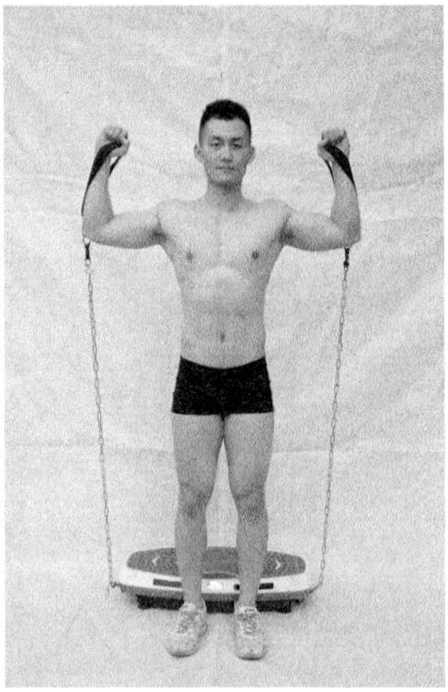

图6-1-1

●技术要点

训练时，振动首先刺激腕关节。向上推举发力，使绳索保持紧绷。前臂肌肉最先开始发力，然后传到上臂，推举发力肌群为肱三头肌，最后三角肌发力。整个肩关节都有振动感，尤其是三角肌前束和后侧的肩袖肌群。

动作2　前平举

●动作方法

将振动训练器置于身后，双脚自然开立，双手握住连接在振动器上的绳套，掌心向下直臂上抬至与地面平行处，绷紧绳索使手臂处于持续静力性收缩的状态（见图6-2-1）。

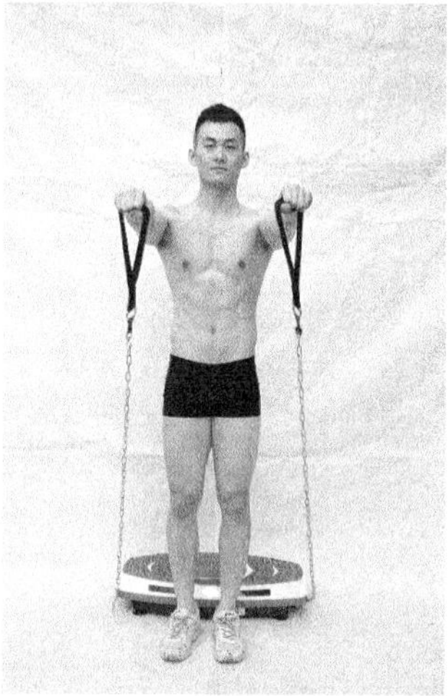

图6-2-1

●技术要点

该动作主要训练前臂肌群的伸肌以及三角肌前束，振动经腕关节传到肩关节，最后整个上背部都有振动刺激感。

动作3 侧平举

●动作方法

将振动训练器置于身后，掌心向下，双手握住振动训练器两边的绳套，直臂向上，使绳索紧绷（见图6-3-1）。

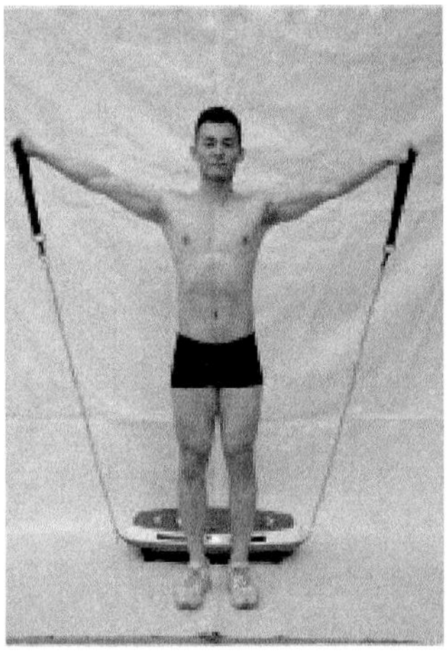

图6-3-1

●技术要点

振动刺激经手臂传到肩关节，主要发力点为三角肌中束，同时前臂的伸肌群和上背部均有振感。

动作4 俯身平举

●动作方法

将振动训练器置于身前，臀部向后延伸，膝盖微微弯曲，下背部挺直，双手各持一根绳套，双臂打开，大小臂夹角为90°，小臂与地面垂直（见图6-4-1）。

图6-4-1

●技术要点

该动作主要刺激三角肌后束，振动通过手臂传到肩关节。肩袖肌群始终保持收缩发力，并且上背部斜方肌和胸椎段都有振感。

动作5 倒立推肩

●动作方法

双手撑于振动训练器平面上，两脚分开缓慢靠近振动训练器，双腿伸直，腰骶部向上顶起，尽量使上半身垂直于地面。慢慢弯曲手臂至头部接触振动训练器平面，然后缓慢地推起（见图6-5-1）。

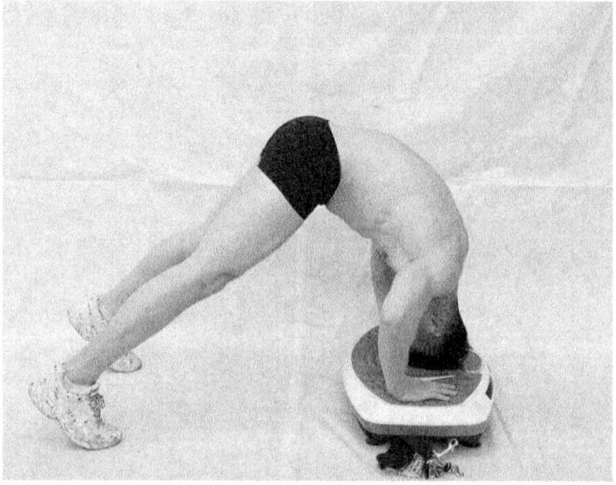

图6-5-1

●技术要点

倒立推肩动作主要锻炼三角肌和肱三头肌，振动刺激通过手臂传到躯干上部。肘关节弯曲时，肱三头肌的振感及发力感明显；肘关节伸直时，三角肌和上背部肩胛区振感及发力感明显。

动作6　坐姿臂屈伸

●动作方法

双膝弯曲背向振动训练器，指尖朝前，双掌按在振动训练器平面上，手臂伸直撑住身体，臀部放在振动训练器平面的前方。动作开始时手臂慢慢弯曲，大臂夹紧自己的身体，肘关节向后延伸，躯干缓慢下移，然后将身体撑起（见图6-6-1和图6-6-2）。

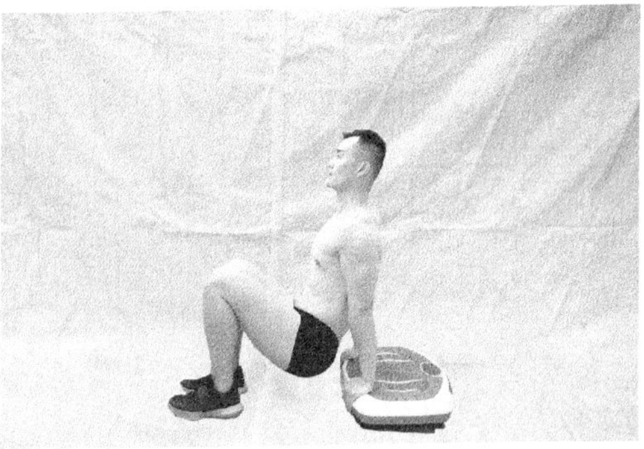

图6-6-1

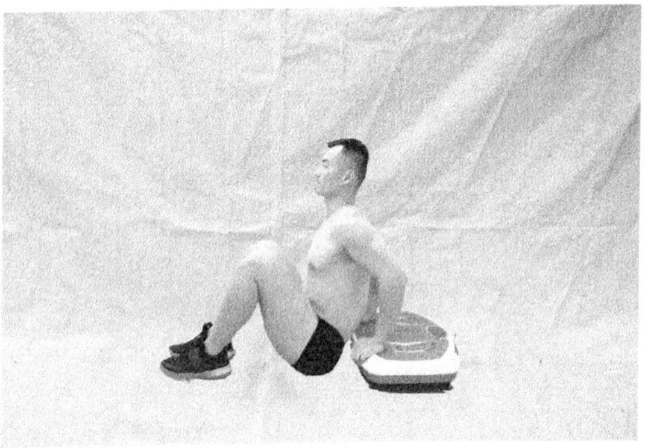

图6-6-2

●技术要点

该动作主要训练肱三头肌，对前臂肌群也有一定的训练效果，还能够拉伸三角肌前束。

动作7 肱二头肌90°静力性弯举

●动作方法

将振动训练器置于身前，双脚分立，双手掌心向上抓住绳套，腰腹部收紧。大臂夹紧，以肘关节为轴，屈肘成90°，保持绳套绷紧（见图6-7-1）。

图 6-7-1

●技术要点

肘关节静力性弯举动作能够很好地刺激肱二头肌的生长，振动通过腕关节传递到上臂，肱二头肌持续等长收缩，前臂肌群、肱桡肌和三角肌前束都在协同发力。

动作8 肱二头肌顶峰收缩静力性弯举

●动作方法

肱二头肌顶峰收缩静力性弯举身体姿势与90°静力性弯举姿势相同，但要尽可能地将前臂贴向上臂，努力收缩肱二头肌至极限，并保持此动作（见图6-8-1）。

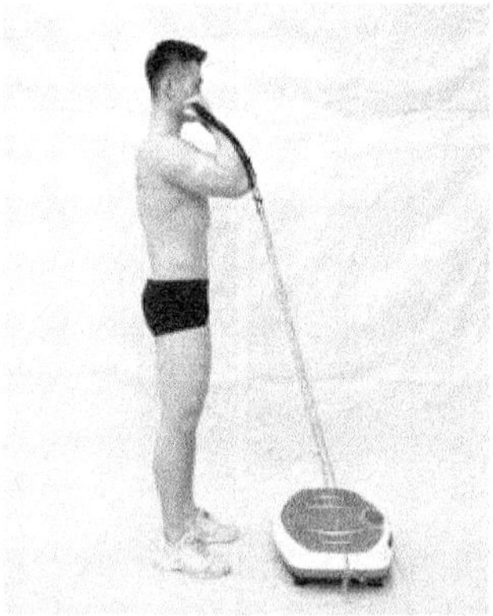

图6-8-1

●技术要点

顶峰收缩在肌肉训练当中尤为重要，决定着肌肉的轮廓及线条的刻画，该动作可以刺激肱二头肌的肌峰位置，同时肱桡肌也辅助用力。

第七章　头颈肌群

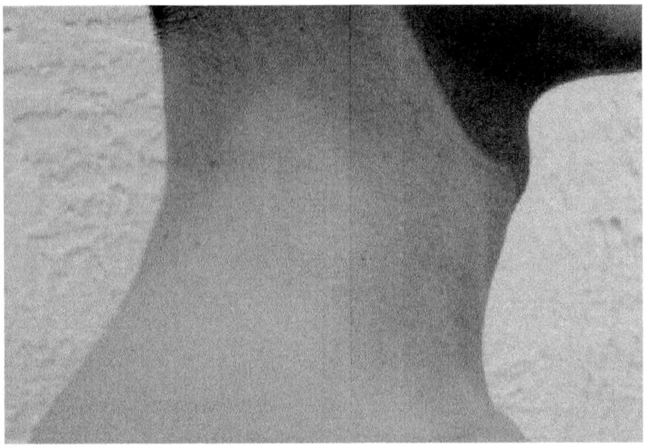

本章主要介绍头颈部肌肉的解剖结构与功能以及振动训练的方法。

头颈部肌肉很多，这里主要讲解头部运动时用到的一些主要肌群。

（1）头部前屈功能肌群：胸锁乳突肌、斜角肌、舌骨下肌群等。

（2）头部后伸功能肌群：斜方肌、最长肌、头夹肌、颈夹肌、棘肌等。

（3）头部左右侧屈肌群：斜方肌等。

头颈肌群的锻炼以静力性训练为主，同时结合振动刺激。在振动训练的过程中，振动刺激强度不宜过大，同时要尽可能保持头部、颈部平稳。

动作1　静力性前屈训练

●动作方法

将振动训练器放在身后，振动训练器两端的绳套连接一条头带或者毛巾，固定在额头正上方的位置，头部微微用力向前做前屈的动作，使绳套保持绷紧状态（见图7-1-1）。

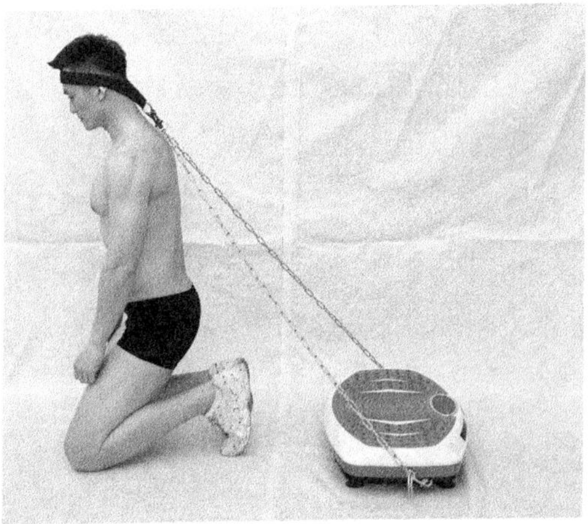

图7-1-1

●锻炼目的

此动作锻炼颈椎前屈肌群，头部随着绳套做左右摆动式振动，头颈部两侧胸锁乳突肌有明显振感。

动作2 静力性后伸训练

●动作方法

将振动训练器放在身前，将头带放在脑后枕骨的上方，头部微微后仰，使绳套绷紧（见图7-2-1）。

●技术要点

此动作训练颈椎后部肌群，主要锻炼肌群为斜方肌的上部和最长肌。

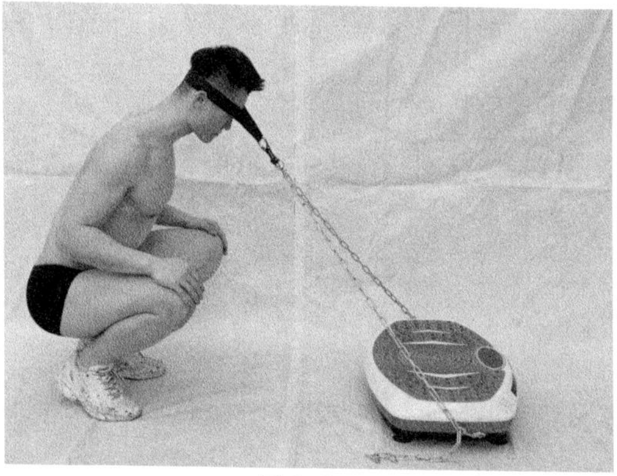

图7-2-1

动作3　静力性左右侧屈训练

●动作方法

将振动训练器放在身体的左侧，将绳套放在右额部太阳穴的上方，头部微微向右侧屈，做静力性收缩，使绳套绷紧。左右互换练习(见图7-3-1和图7-3-2)。

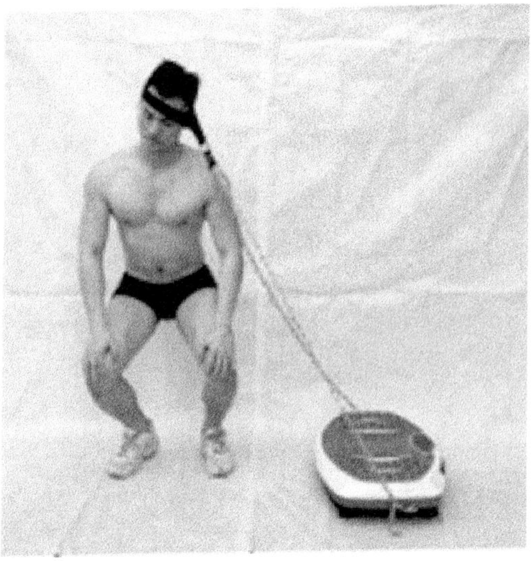

图7-3-1

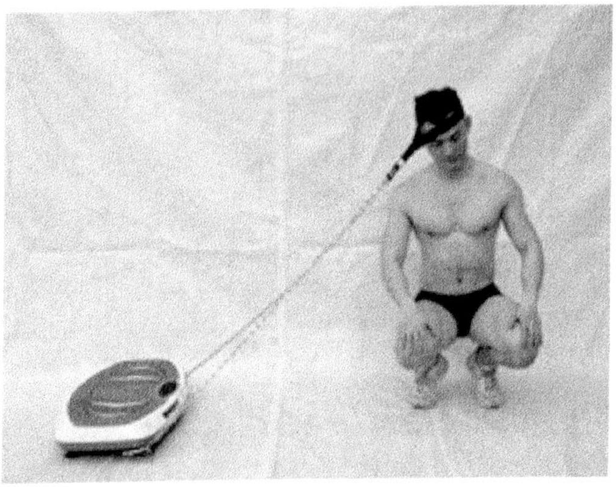

图7-3-2

●锻炼目的

此动作训练头部左右侧屈肌群，振动刺激从头部一直到胸椎段，最明显的是颈椎区域，主要刺激斜方肌上部。

参考文献

[1]李玉章．全身振动训练的理论与实践[M]．上海：第二军医大学出版社，2010.

[2]亚当·坎贝尔．四周练出一身肌肉[M]．章晋唯，译．杭州：浙江科学技术出版社，2012.

[3]卜淑敏，韩天雨．全身振动训练在运动训练和康复领域中的应用及研究进展[J]．北京体育大学学报，2014，37(8)：65-70.

[4]陈金鳌，张林，陈琉，等．振动训练对低龄老年人动脉血管弹性的影响[J]．体育学刊，2015，22(2)：120-126.

[5]陈庆贺，姜洪和，王长纯．腰椎间盘突出症术后早期主动训练的临床研究[J]．颈腰痛杂志，2000，21(4)：318-320.

[6]董建文，李海，李庶斌．棘间韧带的病理学改变与腰椎间盘突出症发病的关系[J]．中国中医骨伤科杂志，2007，15(7)：39-41.

[7]樊贤进．全身震动训练对离心运动诱导的延迟性肌肉酸痛影响[J]．天津体育学院学报，2013，28(5)：456-460.

[8]郜瑞睿，黄鹏，胡扬．不同频率全身振动训练对篮球运动员动态平衡能力训练效果的对比研究[J]．体育科技，2015，36(1)：44-47.

[9]龚晨，顾韶华，郭川，等．上肢负重振动训练对偏瘫肩关节半脱位患者上肢功能的影响[J]．中国康复，2015，30(4)：280-281.

[10]古福明．振动训练对大鼠跟腱粘弹性的影响[J]．中国运动医学杂志，2016，35(8)：738-741.

[11]古福明,蒋丽. 振动训练对大鼠腓肠肌生物力学性能的影响[J]. 成都体育学院学报,2014,40(7):63-66.

[12]何凌骁,赵丽,龚丽景,等. 低振幅振动训练对帕金森小鼠黑质多巴胺能神经元的保护[J]. 北京体育大学学报,2011,34(9):44-47.

[13]贺慨,尹军. 全身振动力量训练对踝关节肌力变化的影响[J]. 首都体育学院学报,2011,23(5):469-473,480.

[14]黄鹏,吕倩楠,陈子嫣,等. 下肢振动训练对功能性踝关节不稳的影响研究[J]. 当代体育科技,2016,6(1):10-14.

[15]黄鹏,王安利. 不同频率振动训练对膝关节位置觉影响的实验研究[J]. 北京体育大学学报,2012,35(11):40-45.

[16]季磊. 功能性力量训练的实质及其训练方法探析——基于悬吊训练、振动力量训练、核心力量训练、本体感觉功能训练[J]. 南京体育学院学报(自然科学版),2011,10(2):73-75.

[17]焦爽,闫茹蕴. 本体感觉训练预防踝关节运动损伤研究进展[J]. 中国运动医学杂志,2009,28(6):713-716.

[18]金凤羽. 原发性膝骨性关节炎的非手术治疗[J]. 中国组织工程研究,2013,17(30):5531-5538.

[19]李浩炜. 功能锻炼对预防腰椎间盘突出症复发的临床意义[J]. 颈腰痛杂志,2000,21(4):320-322.

[20]李沐阳. 振动训练结合运动提高脑卒中轻瘫患者上肢肌力的研究[J]. 西安体育学院学报,2007,24(4):85-88.

[21]李玉英. 试用运动疗法300例总结[J]. 中国康复医学杂志,1992,7(2):77.

[22]刘北湘. 振动波方向、频率对振动训练的影响[J]. 武汉体育学院学报,2011,45(6):83-87.

[23]刘北湘. 振动训练对肌肉弹性成分的影响[J]. 成都体育学院学报,2011,37(9):55-59.

[24]陆绍勇．垂直振动训练对脑卒中偏瘫上肢肌张力和运动功能的影响[J]．中国疗养医学，2017,26(1):35-38.

[25]缪丽华，周秀凤．心脏病术后的运动训练[J]．现代康复，2001,5(7):144.

[26]钱晓岚．机械振动排痰配合呼吸训练促进老年肺部感染病人排痰的效果观察[J]．全科护理，2013,11(6):1640-1641.

[27]王坤赤．触觉的频率分辨机制研究[J]．南通大学学报(自然科学版)，2007,6(4):67-70.

[28]王瑜，张巧玲．脊柱术后早期脊髓神经功能减退的临床观察及护理[J]．陕西医学杂志，2012,41(8):1102-1103.

[29]余秋华，王于领，王楚怀．本体感觉与慢性腰痛的康复治疗[J]．中国康复医学杂志，2007,22(10):947-950.

[30]占飞，陈世益．功能性关节不稳与本体感觉重建[J]．中国运动医学杂志，2000,19(1):65-68.

[31]张丽，瓮长水．全身振动训练及其对脑卒中患者运动功能康复价值[J]．中国实用内科杂志，2013,33(8):587-590.

[32]张自刚．振动力量训练综合效果研究[J]．西安体育学院学报，2009,26(5):602-606.

[33]周桂琴，尹军．国内外振动训练在训练学领域比较分析[J]．武汉体育学院学报，2010,44(12):67-73.

[34]周丽凤．振动训练法的理论与应用[J]．宁德师专学报(自然科学版)，2006,18(1):24-27.

[35]周玲．腰背肌锻炼在腰椎退变性疾病术后护理中对腰痛的治疗作用[J]．中国全科医学，2010,13(2C):640-641.

[36]周梅．护理干预预防脑卒中吞咽障碍患者吸入性肺炎效果观察[J]．护理学杂志，2006,21(1):36-37.

[37]朱梅新，张新辉．振动训练的生理基础与应用研究进展[J]．辽宁体育科技，2009,31(3):26-28.